智 协 力 作

SMART COLLABORATION

How Professionals and Their Firms Succeed by Breaking Down Silos

如何破除"谷仓效应"

［美］海蒂·K.加德纳（Heidi K. Gardner）◎ 著　邱墨楠 ◎ 译

中信出版集团 · 北京

图书在版编目（CIP）数据

智力协作：如何破除"谷仓效应"/（美）海蒂·
K.加德纳著；邱墨楠译.── 北京：中信出版社，
2018.11
书名原文：Smart Collaboration：How
Professionals and Their Firms Succeed by Breaking
Down Silos
ISBN 978-7-5086-9689-8

Ⅰ.①智… Ⅱ.①海… ②邱… Ⅲ.①企业管理─组
织管理学 Ⅳ.① F272.9

中国版本图书馆 CIP 数据核字 (2018) 第 244482 号

智力协作——如何破除"谷仓效应"

著　　者：[美] 海蒂·K. 加德纳
译　　者：邱墨楠
出版发行：中信出版集团股份有限公司
　　　　　（北京市朝阳区惠新东街甲 4 号富盛大厦 2 座　邮编　100029）
承 印 者：北京通州皇家印刷厂

开　　本：787mm×1092mm　1/16　　　印　　张：18　　　　字　　数：220 千字
版　　次：2018 年 11 月第 1 版　　　　印　　次：2018 年 11 月第 1 次印刷
京权图字：01-2018-6337　　　　　　　广告经营许可证：京朝工商广字第 8087 号
书　　号：ISBN 978-7-5086-9689-8
定　　价：56.00 元

赞 誉

加德纳认真考察了律师事务所的实际情况，她用具有说服力的实际案例告诉我们，只有掌握协作艺术的合伙人才能在当今复杂的市场里稳步发展。

——史蒂芬·J. 伊梅尔特（Stephen J. Immelt）

霍金路伟国际律师事务所（Hogan Lovells）首席执行官

加德纳向我们展示了VUCA（易变的、不确定的、复杂的、模糊的）世界里有关智力协作的强大实证案例。这本书是致力于改善全球客户关系的律师事务所负责人与合伙人的必读书目。

——威姆·德扬（Wim Dejonghe）

安理国际律师事务所（Allen & Overy）高级合伙人

加德纳的这本书应该成为每位专业服务人士的必读书目。买下这本书，与你的合伙人分享，如果你还没有这么做，那么就从现在开始实践它的原则吧。

——尼尔斯·H. 汤姆森（Nils H. Thommessen）

威肖姆律师事务所（Wiersholm）管理合伙人

在《智力协作》一书中，加德纳描述了协作技能在解决问题方面的价值。当今世界的问题变得十分复杂而棘手，因此没有一个专家能够在不需要智力协作的情况下独立解决它们。

——约瑟夫·C. 申克（Joseph C. Shenker）

苏利文-克伦威尔律师事务所（Sullivan & Cromwell LLP）董事局主席

加德纳剖析了协作的概念，揭示了它的本质，让它从一个我们不断宣扬但并没有认真对待的软技能转变成所有专业服务公司都应该放在首位的关键绩效指标（KPI）——它对公司的成功和可持续发展的影响要比其他任何一个流行的关键绩效指标都要大。不仅仅是高层领导，专业服务公司的每个人都必须读一读这本书。

——爱德华多·C. 莱特（Eduardo C. Leite）

贝克-麦坚时律师事务所（Baker & McKenzie）主席

在这部开创性的著作中，加德纳建议公司拥抱这个提供了专家交互和真正多功能协作的美丽新世界。而这么做至少有两个令人信服的理由：更好的服务和更多的利润。

——本·海涅曼（Ben Heineman）

哈佛法学院（Harvard Law School）与

哈佛大学肯尼迪政府学院（Harvard's Kennedy School of Government）高级研究员；

通用电气（General Electric）前高级副总裁及法律顾问

这是任何有抱负的专业人士的必读之书，也是我愿意推荐给任何专业服务公司领导者的最佳书籍。

——克劳迪奥·费尔南德斯-阿劳斯（Claudio Fernández-Aráoz）

亿康先达（Egon Zehnder）高级顾问；

《合伙人——如何发掘高潜力人才》（*It's Not the How or the What but the Who*）作者

加德纳的《智力协作》用令人震撼的数据描绘了现在以及未来的专业服务公司。她指出，有效协作必须像公司的基因那样深深扎根于公司内部，它是公司在 21 世纪取得成功的必要条件。

——戴维·W. 里夫金（David W. Rivkin）

国际律师协会（International Bar Association）主席；

德普律师事务所（Debevoise & Plimpton）联合主席

这是一种可以提高律师事务所工作质量、效率和效果的，同时也能提升个人和集体工作技能的杰出工具。对全世界的律师来说，《智力协作》是一本令人愉悦的必读之书。

——奥拉西奥·伯纳兹-内托（Horacio Bernardes-Neto）

莫塔-费尔南德斯·洛卡·阿奇沃加都律师事务所（Motta, Fernandes Rocha Advogados）合伙人；国际律师协会秘书长

这本书及其思想能够帮助你在企业里发展协作行为。

——马克·里戈蒂（Mark Rigotti）

史密夫斐尔律师事务所（Herbert Smith Freehills）首席执行官与合伙人

你还不确定协作是否能够让你公司里的专业人士变得更有成效，让公司

智力协作

赢得更多利润吗？请读一读《智力协作》第六章。相信我，在读完第六章后，你会迫不及待地想读完这本书的其余章节。

——罗杰·梅尔策（Roger Meltzer）

欧华律师事务所（DLA Piper）合伙人与全球联合主席

加德纳教授的研究证明，协作作为专业服务公司的核心价值已经远远超过了其辅助价值。加德纳提供了强有力的论据，证明协作文化能够直接带来优质的客户服务，让律师事务所在财务和战略上都更具优势。

——保罗·W. 泰斯（Paul W. Theiss）

美亚博律师事务所（Mayer Brown LLP）主席

前 言

为什么有些团队在运用专家的知识解决棘手问题方面要比其他团队好得多，而有些却差得多？

当我在伦敦、约翰内斯堡和纽约担任麦肯锡公司（McKinsey & Company）管理咨询师时，我第一次对这个问题产生了兴趣。在麦肯锡公司，我们都是以团队形式来参与客户工作的。我的许多团队伙伴不仅拥有扎实的业务培训经验，同时也有着引人注目的背景——他们是天体物理学家、医学博士、律师，以及军官——他们在工作时具有独特的视角。然而我多次向自己提出很多相似的问题：协作带来了值得借鉴的成果吗？我们是否整合了自己的独家知识，创造了"1+1>2"的整体成果呢？

当然，这些疑问生根于多年以前，当时我在伦敦政治经济学院（London School of Economics and Political Science）撰写我的硕士论文，该论文侧重于领导者在促进专业服务公司的团队协作中所扮演的角色。但是现在，我的工作经历让我对这个问题有了新的认识。我发现，我们的一些咨询团队并没有在团队协作方面用尽全力。尽管大家都是杰出人士，但是有时参与协作的人并非合适的人选。有时即便有了合适的人选，我们在发掘和应用团队成员的专业知识解决问题方面，并不能一帆风顺。

最终，我离开商界，开始了我的学术生涯。我撰写了一篇论文，重点探讨了麦肯锡团队问题（这个问题一直困扰着我）的解决方案，并以此在伦敦商学院（London Business School）获得了博士学位。随后我在哈佛商学院（Harvard Business School）担任了六年的教师工作，在那里我继续针对这一难题进行研究。我也对我的问题简单地做了提炼。在我的哈佛商学院高管教育课堂上，我的学生常常以不同的方式告诉我："确实，项目团队已经很难管理了。但是你应该看看，当我们试图让合伙人一起工作时到底发生了什么！"

无论他们来自建筑业还是会计师事务所，抑或智囊团，无论他们来自大型国际化机构，还是拥有十多位合伙人的公司，无论他们来自上市公司、有限责任公司还是政府机构，无论他们的总部位于哥本哈根、芝加哥还是开罗，无论他们的机构是国际性的还是本土化的，这些都不重要。说服他们的高级专家与平等自主的其他同事进行协作，才是所有这些专业服务公司的高级合伙人面对的一个共同挑战。

正如接下来的"引言"部分所描述的那样，我决定以可持续的系统化方式探索这个难题。

事实上，一本书的撰写就是一种协作性的工作。这些年来，在探讨和检验自己观点的过程中，我惊讶地发现，许多人都被协作的想法激起了热情，还有很多人问我："我可以怎么帮你呢？"在花费了数月时间撰写手稿之后，我想到了一个激发协作热情的新方法。我创建了一个被我称为"贡献者委员会"的组织，邀请那些曾经对协作议题表现出热情的人士定期对本书的初期观点进行评述。每次，我会发布几段简要的草稿，委员会成员会提出他们的批评意见，质疑我的观点（有时也会质疑其他人的），并且提供他们自己经历过的一些具体的案例。尽管我的初衷并非如此，但这本书最终成为发掘和整合专家工作能力的实证。他们的意见贯穿本书始终，我非常感激他们的贡献。

　　为了探索更为强大的协作方式，来解决包括专业服务公司在内的知识型机构的棘手问题，研究还在继续。我想请您读一读我对协作的最新想法，并为这些想法的下一个版本做出贡献。

致 谢

　　写这本关于协作的书本身就是一项高度协作的工作。在过去十年的研究、教学和演讲经历中，我有幸与数千名非常有才华的专业人士合作，对他们的投入、反馈和支持，我深表感激。我希望这本书可以作为一个实证，证明发掘和整合专家专业知识能够产生强大的力量。此外，与我的研究结果一致的是，那些为本书内容而展开合作的许多人现在已经成为亲密的同事和私下的朋友。

　　首先，我要感谢研究的参与者：众多专业服务公司的领导、专家和员工，以及那些我所研究过的客户机构的管理者和董事会成员。他们全都慷慨地贡献了自己的时间和观点，更重要的是，他们对我非常信任，为我提供了敏感的数据、坦诚的访谈和其他机密内容。为了对他们的信息保密，我在这里不会提及他们的名字。对于他们的帮助，我受宠若惊，十分感激。在写作的早期阶段，我组织了一个由各方专业人士组成的贡献者委员会，他们和我一样对协作这个话题充满热情，他们为我提供了批评意见、实际案例及种种观点，极大地帮助我改进了这本书。感谢他们！

智力协作

我的学生（包括法学博士、法学硕士、工商管理硕士和博士）、哈佛大学法学院及哈佛商学院的高管教育培训学员同样为我提供了珍贵的观点、反馈的信息以及灵感。我曾多次在课堂上展示和检验我的早期观点，为此我非常感谢我在哈佛的同事，是他们为我创造了这些教学机会，鼓励我展翅飞翔，他们是杰伊·洛尔施（Jay Lorsch）、鲍勃·埃克尔斯（Bob Eccles）、鲍里斯·格罗伊斯伯格（Boris Groysberg）、戴维·威尔金斯（David Wilkins）和斯科特·韦斯特福尔（Scott Westfahl）。

我非常感激我的同事以及哈佛法学院法律职业研究中心（Harvard Law School's Center on the Legal Profession）咨询委员会为我提供了一个"研究之家"，并且给了我许多机会，让我展示和改进我的观点。该研究的初始部分得到了哈佛商学院研究部（Division of Research at Harvard Business School）的支持。来自这两个机构的大批富有才干的研究人员对这项工作给予了支持，他们是埃琳·麦克菲（Erin McFee）、约翰·吴（John Ng）、丹妮尔·韦德（Danielle Wedde）、王姝力（Shuli Wang）和奥德丽·布卢姆（Audrey Bloom）。该研究同样得益于哈佛团队（Harvard's GroupsGroup）研讨会与会者带来的同行的有力挑战；该活动的发起者 J. 理查德·哈克曼（J. Richard Hackman）一直不断地激励着我的研究工作。我希望他会为我的研究而骄傲。

本书蕴含的思想是通过与其他学者的共同研究和写作项目而发展起来的，我有幸能与践行着"在思想领域坚韧不拔，在做人方面温暖有关怀"的协作理念的合著者合作，他们包括阿南德·纳拉西姆汉（Anand Narasimhan）、蒂姆·莫里斯（Tim Morris）、鲁思·瓦格曼（Ruth Wageman）、马克·莫滕森（Mark Mortensen）、斯图尔特·邦德尔森（Stuart Bunderson）、梅利莎·瓦伦丁（Melissa Valentine）、莉萨·卡万（Lisa Kwan）、乔纳森·克伦威尔（Jonathan Cromwell）、西尔维娅·霍奇斯·西尔弗斯坦（Silvia Hodges Silverstein）、福里斯特·布里斯科（Forrest Briscoe）、安德鲁·冯诺登福莱西特（Andrew Von Nordenflycht）、马德琳·金（Madeline King）和丽贝卡·诺曼德-霍克曼（Rebecca Normand-Hochman）。他们中的每个人都推动我向更高的目标迈进，是他们让我的工作变得有趣。

　　我受益于导师和同事的智慧，从他们的观点、批评和鼓励中获益匪浅，他们对这本书和我的人生旅途都至关重要。我无法叫出每个人的名字，但是其中一些关键的影响者包括伊恩·戴维斯（Ian Davis）、克劳迪奥·费尔南德斯-阿劳斯、本·海涅曼、吉姆·赫弗（Jim Hever）、詹姆斯·拉姆（James Lam）、帕蒂·米利根·赛德尔·尼利（Patti Milligan Tsedal Neeley）、雷蒙德·奥德菲尔德（Raymond Oldfield）、阿里克·普雷斯（Aric Press）、查尔斯·奥唐奈（Charles O'Donnell）、乔·麦克雷（Joe Macrae）、兰德尔·彼得森（Randall Peterson）、巴雷特·罗林斯（Barrett Rollins）、索尔恩·罗塞尔（Søren Røssel）、萨拉·辛格（Sara Singer）、约翰·索罗科（John Soroko）和尼尔斯·汤姆森。我从心底感谢他们。

　　我也要感谢那些协助我完成这本书的人。我还要特别感谢我的文字编辑杰夫·克鲁克香克（Jeff Cruikshank），他拥有天才一般的卓越经验、智慧及耐心。哈佛商业评论出版社（Harvard Business Review Press）的蒂姆·沙利文（Tim Sullivan）和他颇具才华的团队给予我指导、信心及各种支持，对此我深表感谢。

　　最后，我还要大力赞美我的家人，是他们以各种方式帮助我完成了这本书。我的丈夫伊万·马特维亚克（Ivan Matviak）始终是我强有力的智慧后盾，他不断地将我的新发现与他对专业服务公司和金融机构的业务观察进行比较。此外，来自伊万的爱、支持及耐心始终是本书创作过程中至关重要的一部分。我们年轻的女儿佐薇（Zoe）和阿妮娅（Anya）伴随着本书一同成长；她们陪我一起前往世界各地进行研究，参加演讲活动，她们不仅旁听并且参与了无数次有关协作主题的晚餐会谈，她们的参与给我带来了欢乐。我们夫妻双方的父母——菲莉丝（Phyllis）和比尔·加德纳（Bill Gardner），以及卡拉（Carla）和格雷格·马特维亚克（Greg Matviak）——全力支持我的研究工作，协助并确保我们所有人在这段漫长而艰难的旅程中保持健康和快乐。我爱他们。

我对协作的潜力充满热情，我相信它能够带来一个更加包容的工作环境，在这个环境里，人们可以发挥自己最大的潜能，即便他们并非现有群体的一员，甚至他们的工作方式有别于传统。我的研究还在继续，我发现我还有很多工作要做。我希望读者能够受到启发，成为正在行进中的协作之旅的一分子。

目 录

赞 誉　　Ⅰ

前 言　　Ⅴ

致 谢　　Ⅸ

引 言　**为什么要协作**

定义"智力协作"　/2

协作的有力论据　/3

专业化的驱动力　/5

另一个驱动力：日益复杂的客户需求　/8

解决方案：智力协作　/11

多种视角之下的智力协作　/12

领导者让协作付诸实践　/18

第一章　**协作之于企业经营**

四种重要的成效　/22

论证协作、收入和利润 /24

协作与客户留存 /32

协作产生创新 /35

协作之下的透明度和风险管理 /39

客户真的愿意为协作付钱吗 /41

协作在哪里可能无法起作用 /42

关于协作者自身 /44

第二章 协作之于人力资源

雇用和融合横向聘用人员 /47

吸引和留存千禧一代 /60

让今天的团队更有成效且更忠诚 /65

如何培养员工的生产力和忠诚度 /69

建立离职员工的忠诚 /71

从其他角度看协作 /73

第三章 协作与独行侠专家

独行侠专家可以从协作中获得经济利益吗 /76

实际和可预见的协作障碍 /83

独行侠专家开拓协作的方式 /89

来自公司的观点 /100

短痛与长期收益 /106

第四章 资深协作者

赞美无形的好处 /110

建设可靠、负责的团队　/113

培育高效能的领导团队　/123

管理多元文化的分布式团队　/128

预测和应对业绩压力　/134

下一步：关注那些未被重视的角色　/137

第五章　协作与贡献者

参与他人项目协作的好处　/141

贡献者的协作策略　/149

解决生产者–管理者的困境　/152

公司领导如何提供帮助　/160

让凳子上的老虎配合的人　/167

第六章　指挥大师的协作

绩效管理：评估协作　/174

构建支持协作的薪酬体系　/183

调整薪酬体系　/190

部署协作技术平台　/192

从侧面看协作　/201

第七章　从侧面看协作

背景：非常不同，但也具有很大的相似之处　/204

丹娜法伯的协作与竞争　/207

侧面考察丹娜法伯的收获　/217

来自客户的意见　/224

第八章 客户很在意协作

协作让客户能够接触到解决最棘手问题的最优秀的专家　/228

协作让客户对自己的业务有了更深入的认识　/230

协作可以实现全球影响力　/232

协作支持创新　/234

协作带来高质量的成果并降低了风险　/236

与同事的协作标志着你们更广泛的协作能力　/237

协作保证服务水准的一致性　/239

协作促进精简　/240

协作促进响应　/242

协作提高效率　/243

最后：协作构建了强大的凝聚力　/244

注　释　247

作者简介　269

为什么要协作

在任何专业服务公司中，最大的资本是其专业人士，如建筑设计公司的工程师和建筑师，研究所的科学家，律师事务所和会计师事务所的律师和会计师等。

任意一个类似的组织都会面临的一个最重要的挑战是：如何用这种集体性的专业知识来解决问题——这些问题相当复杂和烦琐，以至没有一个专家能够独立解决，无论他多么聪慧或勤勉。

解决当下的问题只要求专业服务公司的专家（本书的关注焦点）能够协同工作，整合他们分散的知识和技能，形成一致的、统一的解决方案。他们必须以高效的方式协作，我称之为智力协作（smart collaboration）。

定义"智力协作"

作为一种达到目标的手段，而非目标本身，智力协作指的是：知识工作者整合他们个人的专业知识，为复杂问题提供高质量、定制化的解决方案。他们或组成团队，为棘手的问题开发新的处理方法；他们或依赖于不同领域的专家，这些专家能够高效地为不同行业带去最好的方案，因此他们无须从头开始设计解决方案。在参与者明确了新方法，开展一项新工作的情况下，这种协作关系通常会随着时间的推移而扩展，延伸到相互独立的项目中。除了贡献自己的专业知识外，这些专家还会相互帮助，提供建议和激励，保持彼此间的平衡关系。通过真正的协作，专家团队能够解决那些个人无法解决的问题。

然而团队协作并不简单，它风险高、难以协调和启动成本高，因此除非你清楚为何要协作，否则这就不是一种明智的选择。

因此，智力协作是不同于将专家以"分而治之"的形式做出的贡献简单地汇聚起来的一种方式，也不同于专家在前人的基础上完成自己的任务之后交由下一个人接手的这种连续性团队合作。尽管协作可能并不涉及直接的、面对面的工作，但是它确实需要反复的互动，这种互动随着时间的推移，可以对不同个体的信息、观点和专业知识实现创造性的重组。

我所提倡的这种协作并非交叉销售（cross-selling）。交叉销售发生在这样的情况下，如首席合伙人向客户推荐一位同事，这样这名新人就可以为客户提供额外的、独立的服务。尽管这位首席合伙人会对此进行一些督导和质量监控，但他并不会深刻介入其中。这只是一种业务推荐，或工作移交。[1]

简而言之，对专业人士实施交叉销售就相当于你在麦当劳点餐处一定会被问道的："您还需要配点儿薯条吗？"接下来的几章会明确告诉我们：协作，尤其是智力协作，和交叉销售是完全不同的。[2]

协作的有力论据

协作是实现解决复杂、有趣问题的次终极目标的一种方式，也是实现为企业提供战略性、可持续及营利性平台这个终极目标的手段。尽管让人感觉良好的、支持协作的论点有很多，但在知识领域，有效协作的真正理由却在于最终的结果。如果操作得当，协作可以让你的公司在争取客户和人才竞争中更为成功。本书为迄今被认为是软课题的协作提供了有力的依据。"有关协作的数据"一图（见图0-1）展示了从接受多方服务的客户那里所得收入的增加情况。

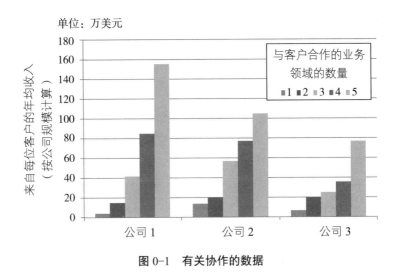

图 0-1　有关协作的数据

资料来源：改编自海蒂·K.加德纳于2015年3月在《美国律师》（*American Lawyer*）杂志上发表的《为何要为协作付费》（Why It Pays to Collaborate）。

智力协作

图 0-1 是出自我的研究的一个简单案例。该图包含三个不同律师事务所的数据，展示了跨业务团队协作对收入的影响：在每个公司，由两个业务团队服务的客户带来的收益是由一个业务团队服务的客户的收益的若干倍。你可以看到，随着更多业务团队的参与，这种几乎达到指数级增长的收入趋势将会持续下去。

直至最近，专业服务公司通常通过战略决策选择是否要从事那些需要内部高效协作的业务。考虑到协作固有的挑战性，有些公司选择了退出。

但是今天，退出成了一个越来越没有吸引力的选择。相对于低端的常规业务市场，专业服务市场分化成了高利润和定制化两种业务市场。许多专业领域（事实上是更广泛的知识工作领域）已经呈现或很快将要出现沙漏状的分化。那些想要攫取，甚或想维持它们在高利润和定制化业务中的市场份额的公司必须推动旗下专家的协作。协作从一种锦上添花的工作方式变成了必要的策略。

同时，对于那些从事标准化业务的企业而言，协作同样非常重要。标准化工作越来越需要新的协作方式，例如，由技术支撑的、与技术密切相关的协同解决方案。任何希望从标准化业务市场里脱颖而出的公司都需要更加精细、更高效的专业协作。

请记住，这里没有任何可替代的方案。在过去的数十年，所有的专业服务公司都具备一个相当一致的特点，即生产力和赢利能力的提高大部分来自它们的明星员工。是的，这不失为一种建立和勉强维持竞争优势的方式，但这终究是一种有着自我局限性的策略。正如一位管理合伙人最近所言："我们无法总是压榨单个合伙人——我们不能让他们工作得更努力，也不能让他们工作更长时间。相反，我们需要找到一种方式，帮助他们更高效地完成更有价值的工作。我们的客户告诉我们，如果我们的律师能够在内部独立系统里有效协作，那么就可以将我们和竞争对手区分开来。"[3]

简言之，多种趋势都在推动市场朝着复杂性和重要性日益增长的协作的方向发展。让我们更仔细地考察促进协作发展的两种必然趋势：专业化以及日益增长的问题复杂性。

专业化的驱动力

由于知识更新得越来越快，大多数领域的专业人才都必须做到专业化才能紧跟趋势。

这种趋势只是一个已经持续了几个世纪之久的进程急剧加速的表现。[4]

"在所有专业领域，"法学学者杰弗里·C. 哈泽德（Geoffrey C. Hazard）指出，"每分钟都会有研究和实践性实验带来全新的知识和新的方法论。"这种知识爆炸的结果是非常明显的。哈泽德继续解释道："除了文艺复兴时期的某些特殊人才，任何人所能掌握的知识和技能的深度都是有限的，因此为了紧跟时代，我们全都必须做到专业化。"[5]让我们看看几个世纪来外科手术的变化吧：过去的一些外科医生是由理发师兼任的，而现在的专业外科医师不仅能够应对儿科、肿瘤或甲状腺问题，也能处理综合了这三种问题的难题。

曾经，专业人士对于其客户的影响力源于两者在专业知识上的差距——这种差距类似于一位没有经验的车主走进一家声誉很差的汽车修理厂。作为车主，你很可能会被劝说并买下你并不需要的昂贵的维修服务，而这不过是因为你对车一无所知。

这种差距在当代专业服务领域已经基本消失。要想给精明的客户留下印象变得愈加困难，因为他们会雇用他们认为能够提供可靠解决方案的公司。然而在大多数情况下，他们期待的是超越了实践经验的解决方案。实际上，在作为我近期研究的一部分的访谈中，接受访问的客户都表示，对于专业顾问的协作能力，创新是他们关心的十大理由之一。在自身经验和观察的基础上，他们坚信，协作式的专家团队更有可能提供新颖而先进的解决方案。

如果你认为你所在行业的客户并不想创新，那么请换个角度思考问题：对很多客户而言，创新并不一定意味着前沿的、闻所未闻的解决方案。相反，他们期待他们的专业顾问能够在标准技术方法的运用上进行创新，对其业务进行精心调整以满足客户的具体业务需求。在一次研究访谈中，一位客户向我阐述了他对顾问的指导性意见："请不要给我技术上 100% 正确的答案，我宁愿它只有 80% 可靠，但必须 100% 适用……否则它毫无用处。"

专业化的驱动力表现在两个层面：个人层面和企业层面。今天最精明和最有抱负的专业人士都明白，在某个特定领域做到真正精通，有益于自己的经济利益。这样的领域通常既晦涩难懂（意味着它难以被轻松掌握），又相当重要（也就是说这种技能非常有市场）。如果这些专业人士获得了成功，那么他们的专业化技能就成了他们的"醒目招牌"，可以让人们准确地了解他们能够在哪些方面带来最大价值。客户可以请他们解决有关特定领域的棘手问题；同事可以将他们的工作成果与自己业务密切相关的部分进行对照分析（这样同事们就能够投入最少量的宝贵时间来换取巨大的价值）；会议组织者将把他们编入会议委员会，让他们提出自己最精辟的见解；当他们所在的利基领域登上新闻头条时，记者便会将他们视为要去拜访的专家。类似的情况不胜枚举。

这种趋势已经持续了数十年，并且不仅仅局限于国际精英人士的范围。如果专业服务公司没有认识到这一点，那么这会给它们带来严重的后果。例如，纽约的一家律师事务所——杰克逊与纳什律师事务所（Jackson & Nash）以提供开发有关环境法的专门业务为由，从它们的竞争对手处聘用了一位合伙人维多利亚·A. 斯图尔特（Victoria A. Stewart）。然而这项工作却未能兑现，斯图尔特表示她被要求参与一般性的诉讼案件。斯图尔特抱怨的是，她的"职业目标——继续在环境法领域深耕——在她于杰克逊与纳什律师事务所工作期间遭到了严重的扭曲"。她起诉了她的前任雇主，要求该律师事务所对她在"职业机遇和职业声誉上蒙受的损失"，以及她的"职业生涯发展及潜力"所遭受的破坏做出赔偿。美国联邦第二巡回上诉法院认定了斯图尔特的索赔，认为该律师事务所未能让她进行有关环境法的实践工作，对她的律师职业生涯造成了伤害。[6]

在企业层面，这种业已十分强大的专业化的驱动力正在不断加强。如今，大多数顶级服务企业都鼓励它们的合伙人进行专业化发展，并且创建或收购了一些细分的业务领域。例如，精英战略咨询公司贝恩公司（Bain & Company）过去常自豪于它拥有能在多个行业和问题间游刃有余的通才；而最近，贝恩公司的网站上却出现了诸如"转型专家×××被任命为全球航空咨询业务负责人"和"贝恩公司任命新的迪拜合伙人×××为电信和技术专家，为投资于该行业的私募公司提供咨询"等头条新闻。

我的前任雇主麦肯锡咨询公司同样朝着越来越专业化的方向发展。该公司网站显示，主流咨询师依然是通才，但是他们在自己的职业生涯中通常会"专攻"一个或多个行业，并且在"行业和实用性知识交汇的领域"形成专业技能。例如，你在加入某个机构之初可能会广泛接触不同的领域，但是在若干年之内，你将成为清洁技术①专家，为行业客户就可再生能源和气候政策将如何影响行业结构和竞争动态提供咨询。麦肯锡并没有寄望在公司内部培养热门需求领域的专业人才，而是不断地引进运营顾问等资深人士，这些人在加入该公司后可以为通才咨询团队提供有价值的专业知识。

在全球范围内，很多企业正纷纷收购一些细分业务来完善自己的专业化服务。例如，最近在尼日利亚，一些大型跨国服务公司，如毕马威（KPMG）、德勤（Deloitte）及埃森哲（Accenture），已经并购了一些看似毫不相关的服务领域，如移民和签证业务及机场协议业务。此前这些业务都是由小公司或个人运作的，现在它们则扩充了会计师事务所的服务范围，在利润丰厚的专业领域为现有的客户提供服务。

在这样的趋势下，专业人士的集体性专业技能已经分布到越来越多的个人和业务团队之中。或者说得稍微消极些，出于竞争考虑，企业已经将自己划入了谷仓般封闭的领域。[7]这意味着这些细分领域的专家能够相互补充，共享信息，丰富彼此的专业知识，但是这也意味着人们越来越难跨越界限来工作。

另一个驱动力：日益复杂的客户需求

专业服务公司的专业化仅仅是成功的一半，在客户看来，这不

---

① 清洁技术包括回收、可再生能源、信息技术、绿色交通、电动机、绿色化学、照明、洗涤水及其他节约能源的应用。——译者注

过是取得成功的少有说服力的那一半。

越来越多的客户认为他们的问题是"易变的、不确定的、复杂的和模糊的"——这个概念常常见诸管理类书籍和文章。[8] 这个概念出自冷战结束后的美国军队，当时华盛顿方面正在研究一种新的多边格局，其中包括新成立的国家、非政府军队，以及个别恐怖分子等潜在的敌人。

同样，今天的客户常常会谈到对多种不同群体（如顾客、监管机构、竞争对手、雇员、股东，以及当地社区等）需求的响应，这些群体往往分布在全球不同的区域。全球消费品巨头高露洁棕榄公司（Colgate Palmolive）首席法律顾问珍妮弗·丹尼尔斯（Jennifer Daniels）表示："事实上，商业的本质已经发生了巨大的变化，现在的工作变得更加复杂、更加分散、更全球化。因此，我们通常不会去找一名只具备了某种单一专业知识的律师。我们要找的是来自许多跨领域跨专业的律师的建议。这才会让协作真正物超所值。"[9] 而首席法律顾问并非公司高层里唯一关心复杂性的群体。国际商业机器公司（IBM）对 1 700 多名首席执行官的一项研究发现，复杂性是他们最关心的问题，它取代了此前一直位于榜首的变更管理。[10]

在进行客户调查时，我选择了那些直面复杂问题的受访者，他们要做出是否寻求外部建议以及从何处寻求建议的决策。我发现了客户需要外部顾问与自己公司的合伙人协同工作的首要原因，即他们希望服务机构"全权动用内部力量去应对自己的业务"。客户不关心服务机构的内部政策或激励机制，他们只想得到最佳建议。例如，伦敦一家国际银行的首席律师向我表达了他最大的担忧：最近来自监管的"沉重的压力"已经遍及整个金融领域。

智力协作

我们的两家顶级律师事务所同时为大型制药公司和航空公司提供服务——医药和航运是世界上监管最严的两个行业。它们为什么不能派一名该领域的合伙人，告诉我们如何在监管压力下生存呢？如果它们这么做，我会给它们几个小时，让它们说说可以如何帮助我，而这一定会为它们带来更多生意——事实上，这种业务对我很重要，因此我就不会太在意价格了。否则，我很可能会把有关监管的业务放入招标书中，让它们相互竞争。

最后，我还是会得到我所需要的，然而可惜的是，我成了那个不得不推动它们和自己的员工进行沟通的人。[11]

大而复杂的业务让这个话题变得鲜明起来，然而，在规模较小的业务上也存在同样突出的情况。一位设计师朋友向我讲述了这样的一个故事：一位19世纪磨坊（该磨坊近期被改造成了公寓）的所有人让我朋友的公司协助他重嵌该磨坊的砖墙。我朋友的建筑公司规模庞大，承担了不少国际性项目。这样一个知名的公司参与一个看似本地泥瓦匠就能从事的项目实在非同寻常。然而事实是，该磨坊建筑位于通航河流的一侧，这意味着很多州立和联邦机构都很关注该项目。同样关注的还有河流两岸的城镇、当地的"河流之友"社团等其他很多机构。该业主正确地认识到，我朋友的公司具备了足够的经验来应对这些问题——或者说他知道可以邀请哪些外部专家来合作。

我朋友的故事综合体现了前文提到的两种趋势：专业化和问题的复杂性。这两种趋势都主张协作，即专业服务公司的内部协同以及与外部专家的协作。

解决方案：智力协作

我从我的从业经验和研究中得知，智力协作是一个经常被专业人士误读和误用的方法，至少在他们了解到客户对这种方式的认识之前是这样的。

让我们从所有客户都持有的一个基本态度开始考察：客户厌恶交叉销售。他们通常会认为他们的顾问想谋取私利（"他不过是在推销这个额外的服务，这样他就能得到销售提成了"）或是自觉高人一筹（"什么？你认为我笨到不知道自己需要税务咨询吗？也不想想，我已经有很多顾问了！"）。类似"您并没有要求，但是我可以推荐我们公司 ×× 部门的同事"这种凭空的不请自来的交叉销售破坏了客户对专业人士的信赖。

很多专业人士在听到这些观点的时候都松了一口气，认为他们应该继续专注于具有特殊专业技能的解决方案。实际上并非如此。尽管客户自己不愿被交叉销售，但他们却越来越需要智力协作。在接下来的章节里我会指出，客户有许多理由要求他们的专业顾问与其所在公司的同事协作，他们告诉我，迄今为止大多数专业服务公司都没有提供充分的服务。

这种缺口意味着快速发展的专业服务公司可以通过提供高效的协作服务赢得短期竞争优势。但是随着时间的推移，如果我所说的这些趋势继续深化（我是这么认为的），那么协作将成为一位首席执行官所言的"桌面上明摆着的筹码"。这是因为你的竞争对手同样也在快马加鞭，提升他们自己的协作能力，过不了多久，客户就会在雇用任何专业顾问时将协作视为一项最低的基本要求。

多种视角之下的智力协作

"这对我有用吗？"这是许多资深的专业服务人员的疑问——他们有时会高调地提出这个问题，有时却并不这样。对他们中的许多人而言，协作好似一股转瞬即逝的潮流，抑或是那些缺少才华而无法独立胜任的同僚的救命稻草。大多数高级知识工作者都是在他们取得个人成就的基础上建立声誉的。那他们现在为什么还要改变呢？

这些都是值得一说的问题，它们引发并推动了我十多年前开展的研究项目。为了在合伙人层面了解协作的成效，同时理解有效协作可能遇到的障碍，我对八个不同的国际性专业服务公司展开了长期深入的调研，这些公司来自法律、咨询、工程和会计等领域。对这些公司长达十多年的活动记录和分析让我对合伙人协作模式的范围与性质有了一个有力而客观的描述。多达数百万的数据点与财务信息、人事报告的结合，让我的研究团队能够借助严谨的统计技术分析协作的成效。

这样的结果便是：领导者第一次可以通过基于经验的科学分析来说服合伙人，让他们明白协作的好处。高效的合伙人同样可以考察这些数据，从而判断智力协作能否帮助他们在专业上变得更加成功。上述问题（"这对我有用吗？"）的答案（我们将在第三章、第四章和第五章进行深入的讨论），显然是肯定的。

今天，对协作的分析还在继续。我已经建立了一个数据库，它包含了超过 1 000 名合伙人的调查问卷答案，在这些问卷中，我请他们就自己的协作经历提供开放式的回应，包括协作的好处和困难。此外，在过去数年里，我对来自超过 50 家公司的，包括世界上最大型和顶级国际专业服务公司的高层领导人在内的超过 200 位专业人士进行了深入访谈——所有这些旨在帮助分析协作的前因后果。

为了进一步研究从个人单打独斗到协同工作的过程和潜在的困难，我专门就一家公司进行了超过两年的深入研究。我之所以选择这家公司，是因为它的领导人发起了一场旨在从"特许经营"模式转变为以合伙人为基础的协作模式的战略变革。我就数百名合伙人对这场变革的反应进行了多次调查。在那段时间里，与企业高管、合伙人、董事会成员及客户的访谈帮助我认识了这种变革给领导力带来的挑战。[12]

最近，我将研究重点放在了解决方案上。为此，我与超过 6 000 名合伙人级别的专业人士进行了沟通，他们包括哈佛商学院与哈佛法学院管理课程的学员，邀请我参与协作研讨会的专业服务公司合伙人，以及我为讨论自己的发现而组织的小型座谈会上的公司领导人。我还利用自己在北美洲、拉丁美洲、欧洲、非洲及亚太地区的演讲机会构建国际性的视角，确保自己的观点能在不同的文化中产生共鸣。

此外，有几家公司邀请我加入它们一个长期项目的领导团队，或直接与公司的核心合伙人合作，从而跟踪他们在实践中产生的想法。这项工作让我有机会专注实践，去尝试新的解决方案，了解适合不同方案的前提条件。

最后，我将我的研究目标对准了客户。我系统性地访谈了一个由不同性格的客户构成的群体，这样我便能够听到不同的观点。我所访谈的客户代表了从高层领导和董事会成员到采购人员的不同角色，他们来自不同类型、不同规模、不同领域、不同发展程度的位于不同地区的机构。我想知道的是：客户真的关心他们的外部顾问能否与他们协作吗？

我的研究显示，客户会为协作项目支付丰厚的酬劳。然而我采访的许多专业人士却明确表示："我的客户不会为协作付钱。"我应该如何理解这种矛盾呢？如果客户真的有意愿雇用协作人员，并为其支付费用，那么他们——特别是在大多数工作都是在幕后完成的情况下——会用怎样的方式来评估他们的顾问呢？在客户和业务提供者的角度间进行切换的能力帮助我完善了本书中的许多观点。

为了让本书尽可能实用，书中的每个章节都包含了描述性和指导性的部分：描述问题所在，指导如何协作。有时指导性的内容被整合在正文里，有时，它会以单独版块出现在章节的末尾。我通常会在本书的指导性部分引用真实案例：现实中的做法，以及这种做法是如何起作用的。

在第一章和第二章中，我将展示在公司的视角下的协作。第一章聚焦于可被称作"金钱方面"的内容。我的分析清楚地表明：收入、利润和客户忠诚度都会因协作（尤其是有合伙人参与的协作）而提升。此外，在经济低迷时期，内部协作程度较高的公司不会像封闭谷仓般的公司那样承受重大损失。[13] 还有很多理由可以解释为何明智的公司都采用了高级协作方式，它们的初衷可能只是减少失职诉讼，但绝不是它们的最终目标。

第二章着眼于企业里被我称为"人力方面"的内容：吸引、雇用和留存人力资源。很多专业服务公司的领导者现在认识到，争夺人才的竞争至少和争夺客户的竞争一样激烈。大多数公司都企图从竞争对手甚至客户那里聘用资深专业人士而赢得先机，但很少有公司具备整合横向招聘人员的能力。第二章解释了协作是如何吸引高素质人才的，并且能够让他们更快地取得成功，更有可能留在公司。协作还能够提高员工的生产力和忠诚度，吸引高潜力的千禧一代（这是又一个大多数公司都无法很好应对的挑战），并且以能够体现在财务盈亏上的方式建立"前员工"的忠诚度。

接下来的四章从典型公司的四个重要组成部分进行了论述。我建议你们将自己放在这些角色的位置上，来看看我的分析和指导是否真实可靠。第三章探讨了被我称为"独行侠专家"（solo specialist）——那些拥有深厚专业知识，但不愿沟通和协作的一群人。或许是因为他们混淆了协作与交叉销售的关系，在他们说出"我念研究生本是为了解决复杂而棘手的技术性（法律、工程等）问题，与加入销售团队相比，我宁愿去上关于戴尔·卡内基（Dale Carnegie）①的课程"时，他们表现出了一种顽固的、贬低纯专业工作以外任何事物的职业自豪感。

这些人或许很擅长自己的工作，他们可能在个人成就的基础上建立了良好的声誉，所以他们并没有兴趣在自己的职业生涯中引进新的课题或专家。当然，这么做符合他们的利益，而第三章提供了一些明确的步骤，可以让他们走上一条更具协作性的道路，引领他们得到比独自工作更好的成果。

第四章进一步探讨了"资深协作者"（seasoned collaborator）的经验曲线。资深协作者懂得协作的好处，但常常认为自己不具备协作的支持性的条件。实际上，协作通常并非那么简单。例如，为了适当地调整大规模解决方案，这些领域的专家必须与掌握了深厚背

---

① 戴尔·卡内基（1888—1955），美国著名人际关系学大师，著有《人性的弱点》（*How to Win Friends and Influence People*）等书。——译者注

景知识的本地同事紧密合作。这种大规模、分布式且国际化的组合已经足够复杂了，然而本地专家优先考虑自己客户的情况又极大地提升了资深协作者任务的复杂度。

"这简直难以完成，"他们告诉我，"我这样做是徒劳无功的。我需要一些更好的方法。"对于此类问题的指导方案就是第四章的核心。

第五章考察了被我钦佩地称作"贡献者"（contributor）的人士的情况。这样的人可能还没有走上通往公司高层的快车道——也许是出于个人考虑，他们决定将自己宝贵的时间用于完成风险低且更加可控的指标，例如按小时计费的工作，这样他们可以根据客户的要求完成标准化的工作。

或许这位贡献者认为自己缺少招财者所具备的个性特征，如领袖气质和外向性格，因此他会坚守那些已经建立了紧密联系的本地客户——每当公司领导试图将他提拔到一个关键位置上时，他就会退缩。尽管如此，贡献者是那些每年都能真正完成任务的、价值不可估量的骨干人员，他们通常能够在复杂的工作中为高价值客户做出重要贡献。在配备了适当的评估标准、激励措施及培训计划的情况下，贡献者可以被"引诱"到这些工作中去，成为最有力的协作推动者之一。

第六章探讨了"指挥大师"（ringmaster）的心理：这个人必须有能力让所有才华横溢的和互补型的人才一起向着同一个方向努力。（如果你是公司领导人之一，或者你想成为这样的人物，那么这一章就是为你而写的。）你必须创造一个环境，让你的优秀同事可以一如既往地、可靠地把事情做好。这一章阐述了实现这个目标的方式。

简单地说，指挥大师可以通过三件事来影响人们协作的行为。

首先是协作评估（我们到底在追求什么，谁又做得最好？）；其次是提供恰当的薪酬，这是一个重要（但并非最重要）的因素；最后是利用技术来支持协作。我为每种方式提供了设计方面和操作方面的建议。如果你正在寻求如何培养智力协作的简明而实用的指导，那么你必须读一读第六章的内容。

我希望读者会认为有关这四种角色的特定章节都是有趣且有用的——即便这些章节只是明确针对某个特定群体的需求。当然，公司的高层领导者会因此获益，因为他们可以了解怎么能让追随他们的那些人保持动力。同样重要的是，那些渴望晋升的年轻人应该从中领会领导的行事风格，特别是在协作的关键领域。

第七章探讨了本书中的经验和诀窍应用于专业服务公司之外的复杂机构的方式：有关协作的基本真理是否可以被更广泛地应用呢？

通过对世界一流医学研究机构和卫生保健机构的深入调研，我得到的答案是肯定的。尽管医生、科学家在某些方面与律师、建筑师、管理咨询师，以及猎头合伙人有很大不同，但他们之间的相同点是很明显的：他们都是经过高度训练的特殊领域的专家，并且通常都挺自负。他们控制着重要的、可移植的资源（与合伙人的客户关系相对应的学术资助）。无论是首席研究员、国家资助的研究者，或是知名首席执行官的导师，他们都想维护自己的声誉。学术界通往终身职位的路径就好比专业公司合伙人的晋升过程。

毫不奇怪的是，你会在所有的职业中看到相似的协作模式。在通常情况下，是否存在高层人员协作的障碍呢？答案是肯定的。那么是否存在能够克服这些障碍的个人优势和机构优势呢？答案也是肯定的。

第八章着重强调了第三种视角：来自客户的观点。来自客户的意见贯穿本书始终，并在本书最后一章得到了特别关注。

近年来，我的研究最有价值的一点是，被我投注了大部分精力的专业服务公司和它们有意愿服务的客户在观点上达成了一致。当服务供应商以团队的形式到来时，客户看到的是什么？是有效的协作，还是要价不菲的额外服务呢？答案可能会让你大吃一惊。

领导者让协作付诸实践

作为引言的结尾，我将和正在阅读本书的专业服务公司的有志领导者直接谈一谈。

为了公司的利益推行协作是你的责任。为了实现这个目标，你必须理解你的合伙人（以及未来合伙人）的想法，并且据此形成你的行动计划。如果现在你的那些高绩效专家不愿有效协作，这并不是因为他们愚蠢而固执，通常是因为你指派他们去完成那些不利于协作的短期指标。我们需要一定时间才能看到协作带来的成果，你和你的领导团队是唯一有权力要求（和奖励）机构成员保持耐心的群体。

为了在合伙人层面上开创更具协作性的工作方式，你是唯一有权采取必要干预措施的人（在理想的情况下，你和你的高层领导团队实现了紧密协作），随后你可以在恰当的时机采取精心设计的后续干预措施，从而延续这种工作方式。这些干预措施会在适当的情况下出现在相关章节。

不过，我要先警告你们：在组织内部培养更高效、更可靠的协作方式，没有什么"灵丹妙药"。本书中的方案只是开发一种适合你所在公司具体问题的、高度定制化的策略的起点。我的方案是一个实用的、有根据的出发点，根据我的方案，你可以为你那些复杂的组织问题制订多款解决方案——而这同样也是你的客户需要你做的事情。

公司员工的士气可能不会因不协作而熄灭，但一定会有类似的苗头出现。考虑到建立组织、培养支持协作的组织文化所需要的时间，你别无选择，你必须马上行动。如果你选择坚持走协作这条道路，那么本书将为你提供到达目的地的路线图。

第一章

协作之于企业经营

近年来，我曾与许多个人和团体就有关协作的主题进行了合作。对其中一些个人和公司而言，协作是一种相对新颖的方式——这也是我与他们合作的原因——他们对此的态度混合了热情和忧虑：看到了它的好处，但同时也不明白我们到底怎样协作。

其他公司的领导者已经对此有了更深入的认知和经验，但他们还需要提升协作能力（这也是我依然要与他们合作的原因）。他们久经沙场、目光敏锐，甚至有些偏见：感谢教授，虽然我们已经试着协作了一段时间，但我们还是不太确定这么做是否值得。

在上述这两种情况的讨论过程中，我通常会先给出图1-1，它被我称为"克服痛点障碍"。

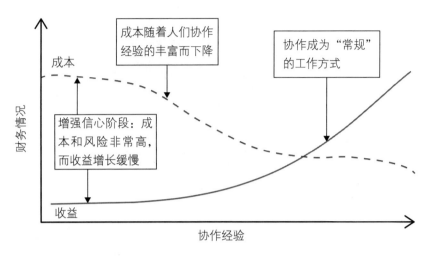

图 1-1　克服痛点障碍

在图 1-1 的左侧，我给出了最明显的痛点：在协作开展初期，实际和可感知的成本总是大于收益，这种差距可能非常显著。我告诉我的客户，他们必须增强自己的信心。和做生意一样，我们很容易看到协作的困难，但是却很难立即看到它的任何效益。

我告诉他们：要大胆尝试并且继续坚持。协作的优势会渐渐累积。随着协作成为一种常规的工作方式，图 1-1 中的两条状态曲线最终出现交叉。他们追求的全部业务指标及一些新的指标都将越来越好。

四种重要的成效

让我们先从本书的核心前提开始：协作是企业财务效益和人力资源效益的重要驱动因素。这里的调查结果可能证明了许多专业服务公司领导者直觉上业已明了的，但直到现在却无法给出任何有力证据的观点。如果你是这样一位领导者，我有信心你会在这里找到你所需要的数据，去说服你的合伙人在他们各自的团队或部门内部推动协作。

本章专注于四种重要的成效：收入和利润，客户忠诚度和留存率，创新，透明度和风险管理。我会先在这里做一个简单的解释，然后在实证经验的基础上更加深入地讨论每一个方面。让我们从收入和利润开始。简单地说，跨地域和跨业务团队的协作通常会给公司带来更好的财务效益。例如，因为提供了复合的跨业务解决方案，专业服务公司便有机会接触到更多客户公司的高层领导。这些高层领导将成为专业服务公司管理层值得信赖的顾问。管理层不仅职责范围广，而且有权力和预算去雇用外部顾问来解决那些复合型的问题。

多领域的客户服务明显比更加聚焦于单一领域的服务更有利可图。由于业务团队服务于同一个客户的利润基数变大，因此平均每个团队都会赚得更多。换句话说，协作同时为新老服务提供者和他们的客户带来了额外的价值。

让我们再看看另一种成效，我们认为协作也能够提升专业服务公司的客户忠诚度和留存率。为客户服务的合伙人越多，那么即便失去了重要的合伙人，这位客户与公司的关系也会维持得越久。当外部的多专家团队跨越了公司内部的不同部门和办公室，当他们服务于客户机构的多名联系人时，这种关系会变得更紧密。

在创新方面，协作会产生更多创新的成果，即兼具创新性和实用性的解决方案，因此能够为客户带来长期的效益。创新可以让服务供应商显得与众不同，给它们带来短期高额利润和更加可持续的长期竞争优势。

在透明度和风险管理方面，协作能让公司更好地监控合伙人的客户交易，从而减少行为不端的现象——行为不端者通常被专业公司的保险商起了很多外号，如"盗墓者""半吊子""孤狼"等。

尽管如此，协作对于专业服务公司而言，特别是在企业的业务方面依然有操作层面的限制，我称之为边界条件。协作并非万灵药，在某些情况下，例如在执行非常规的低成本任务时，协作性的多领域合作方式是无法带来预期效益的。而跨越封闭领域的协作，例如与技术提供者的合作，或是为了利用某些地区低成本劳动力的跨地域协作，则很可能会产生非凡的成效。

论证协作、收入和利润

对专业服务公司而言，多领域协作的财务效益是非常明朗的。[1]简而言之，客户业务涉及的领域越多，来自该客户的年平均收益也越高。

让我们回到最初在本书引言中出现的那张简明的图形（见图1-2）。图1-2对比了三家公司在特定年份里与客户在一种、两种、三种、四种、五种业务领域合作所取得的收入效益。

你可以看到，当两个业务小组参与协作时，公司1的年平均收入是仅有一个小组参与时的三倍——而这仅仅是那些柱状图向上发展的开端。[2]由于新增了为客户服务的业务团队，该公司可以获得更高的利润，而平均每个业务团队也都赚到了更多。值得强调的是：在新业务团队加入时，即便现有的业务也能获得更多的收益。这绝对是一种双赢的局面。对于那些害怕自己的业务会因推荐同事而被侵占的专业人士来说，这样的结果应该会减轻他们的担忧。

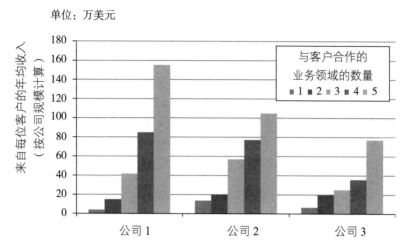

图 1-2　紧密的客户关系带来可观的收入效益

资料来源：改编自海蒂·K.加德纳于 2015 年 3 月在《美国律师》杂志上发表的《为何要为协作付费》。

　　这种优势来自何处？首先，让更多合伙人服务客户的方式为你带来了更多有关客户需求、重点问题以及偏好的信息。很明显，在客户机构里开创新业务的人越多，你便会在业务开发方面处于越有利的位置。假设你的客户团队内部沟通非常有效，那么你就可以借助这个优势来发现你的竞争对手可能忽视的机会。数据证实：参与的业务团队越多，每年得到的项目就越多。你的工作越出色，你在客户那里的声誉和合法性就越高。一位重要的客户经理曾告诉我："由于我们成为客户耳熟能详的顾问，因此频繁地向客户介绍我公司的更多人员会创造出一种良性循环。当新业务出现时，我们就是他们的首选团队。这样做简化了客户的工作，他们不必再做出刻意的决策，也不必担心他们的同事是否会质疑自己的选择。"[3]

　　跨业务的合作方式不仅能够创造出一种在现有的客户机构中

开发更多工作机会的能力，同时它也让专业人士与他们的客户一起"攀上食物链的上层"，也就是说，他们能够接触到更高层的领导——这些人的职责更加广泛，手中的预算更多，业务需求也更加复杂。这种复杂的工作会带来更高的利润。"客户在费用上会表现得更加慷慨，"另一家公司的一位合伙人表示，"因为如果项目足够大，那么这笔交易就必须完成，而他们不能将时间浪费在协商或细枝末节方面。"

许多客户证实了这个观点。一位首席执行官向我讲述了曾与他一同工作过一段时间的两位顾问的故事。第一位顾问更像是一位"单纯"的市场营销专家，他只倾向于关注客户产品系列里与品牌相关的问题。毫无疑问，他的影响力从来没有跨越市场营销部门。这位首席执行官紧接着介绍了他目前的一位顾问，她非常重视自己的跨专业经验，她发现该公司的产品系列影响了它的外包运营，进而增加了企业的税负。这位精明的顾问打造了一个不仅包括了营销专家，同样还有运营、战略和财务方面的专家加入的复合项目。这个多领域的项目收费更高，而这名顾问也为自己建立了解决复合型问题的第一人选的声誉。

这类收益往往也是持久的。特别是在经济低迷时期，中级管理人员经常发现他们的咨询预算被大幅削减，而高级管理人员仍然保留了聘请外部顾问协助完成被他们认为最具战略性的任务的选择。

综上所述，跨业务工作很少会遭遇价格上的竞争。客户会将单一的专业知识视为一种可以卖给出价最低的人的商品，而他们通常认为跨专业的工作非常复杂，完成起来更加困难。法律工作就是一个典型的例子。一家位列《财富》100强公司的法律顾问曾经告诉我："不论他们怎么想，实际上大多数律师是可以被替代的。我是说，我可以在大多数律师事务所找到一位不错的税务律师。但是，如果那位律师与负责知识产权、监管及最基本的诉讼业务的同事联合起来，那么我便很难在其他公司找到一个可以代替他们的完整团队。"

图 1-3 以我对一家全球性律师事务所的深入研究为基础，提供了有关同类现象的不同视角。它展示了在业务涉及五种、六种以及七种领域时来自单个客户的收入增长情况。这里要注意的是，随着服务客户的业务小组数量的增加，来自该客户的年均收入（图中的竖条）几乎呈指数级增长，远远超过单个业务小组销售专项服务时的收入（图片下方那条平坦的预测趋势线）。

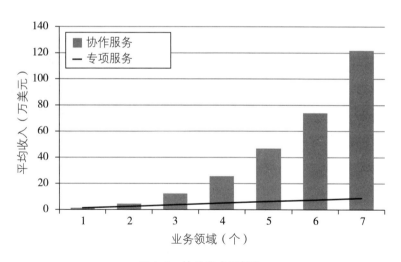

图 1-3　协作和交叉销售

我在大量不同的专业服务公司一次次地看到了这种模式，这些公司包括律师事务所、咨询公司，以及会计师事务所；它们或是国际性的，或是完全在国内运作的，它们的规模不一，有的规模非常小（只有十多名合伙人），有的规模十分巨大（拥有数千名专业人士）。当然，曲线的形状（额外业务给年均收入带来的增长程度）很大一部分取决于公司定义业务时的精细度。尽管如此，这种为客户提供跨业务的、多专家服务的方式将不断地为公司带来价值。

我同样发现，和单一部门的项目相比，涉及多个国家不同分部的客户项目的利润要丰厚得多。这是因为跨越国界的工作的复杂度和紧迫性通常都非常高。试想一下跨国公司的合并，或是国际性公司遭遇重大网络安全漏洞的情况。图1-4总结了我就这个要点所收集的相关数据，这是以两个国际性专业机构为依据的。

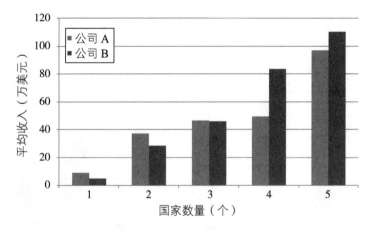

图1-4 国家越多，收入越高（总部位于英国和美国的国际性专业服务公司）

注：尽管两家公司都有着很强的国际性，但这两家公司的规模非常不同。为了对比，图中展示的是对公司整体收入规模调整后的数据。

跨越国界的无缝服务可以说是一个公司体现差异性的重点所在，这也解释了为何最近在法律、会计和咨询领域出现了相当多的国际性组合行为，如合并、收购及合资等。[4]

然而，在这里我必须指出，跨境业务收入模式往往比跨业务的收入模式要更加复杂。尽管跨境业务的平均利润更加丰厚，但是任何一个既定的项目都有可能在此出现相反的趋势。请想象两个分别来自四个国家和六个国家的人员参与的项目——横跨国度更广的项目反而获得了较低的收入。这是为什么呢？导致这一结果的原因是多样的，有精密的战略设计，有轻率的决策，等等。一家具有价格优势和任务分配系统的咨询公司可以充分利用劳动力成本优势，将价值不高的业务部分分配给劳动力较为便宜的国家，这样这种跨境项目的整体费用就会变得更低。在这种情况下，协作可能不会在短期带来收入上的剧增，但是客户必将看到他们在价格上的优势，更有可能将额外的项目交付给这些帮自己省钱的公司。

相反，在尝试协作方式的早期，一些公司可能无法通过谈判获得国际性业务，抑或受到各地服务质量不一或是在某些地区不良声誉的影响，从而无法在当地收取适当的费用。在这些情况下，公司及其客户可能都需要学习如何提供和使用跨境服务。

对于专注国内市场的专业机构来说，跨地域的协作，即跨越多个分支的协作，通常是有益的。我的分析表明，由专业服务机构的多个分支服务的客户通常会带来更高的收入。很显然，这种效应一部分缘于客户的规模——公司的规模越大、预算越高、问题越多，那么它们就越有可能需要来自多个地区的服务。对于任何规模的客户来说，跨越分支的协作通常会带来更高的回报。无论这些分支仅有数百英里之遥，如宾夕法尼亚州的费城和哈里斯堡，抑或相距两千英里或更远，如澳大利亚的珀斯和悉尼，这个结论都站得住脚。

以上我关注的都是收入。那么利润呢？有些专业人士非常怀疑多业务服务是否只能增加收入而无法提升利润。当然，一种与此相关的担忧是：一旦你的公司与客户有了深入的关系，牵涉了来自贵公司内部的大批团队，那么客户将会开始动用自己的买方权力要求打折或免费服务。难道协作意味着做得更多赚得更少吗？

　　一开始这种情况是真实存在的，至少在利润率方面是这样的。但是从长远来看，那些接受多业务服务的客户能带来更多的利润。我在多个公司看到了这样一种典型的模式：起初，由于业务规模的扩大，客户通常会在费用上施加压力。当公司将服务范围从一个业务扩展到多个业务时，折扣率会上升几个百分点。请坚持下去！因为在那之后，随着业务的持续增长，折扣水平便会下降。图 1-5 表示的是一家公司的折扣模式（有些微调），其中柱状图代表平均收入，曲线表示单业务的费率折扣。你将看到公司在客户服务组合中每增加一项业务，公司的收益率就降低一个百分点。但是一旦客户得到了非常广泛的服务——如七项或更多的业务，在客户心目中根深蒂固的最重要的问题——费用压力便会下降。

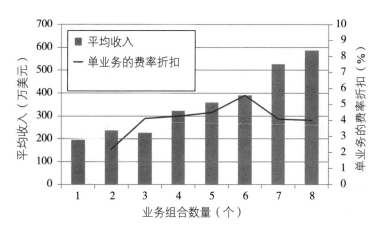

图 1-5　业务范围扩展时的费率折扣

注：以总部在美国的国际化专业服务公司为例。

总体来说，来自国内和国际性法律公司、咨询公司和会计师事务所的数据显示，随着更多业务被引入客户服务组合，利润率几乎（在几个百分点的幅度内）是保持稳定的。你可以算一算：因为收入增长而利润率保持恒定，那么通过为客户提供多领域的服务，你应当能够得到更多的利润。图 1-6 展示了这种效应如何影响了一家美国专业服务公司的利润。

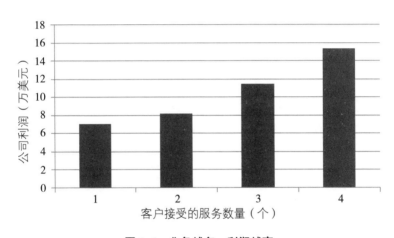

图 1-6 业务越多，利润越高

这些数字自然会有变化，它们与开创最初客户关系的业务密切相关。一些公司具备了我所称的"磁石业务"（magnet practice）——初次吸引到客户的王牌业务，继而引来了其他服务。例如，华尔街上的律师事务所的磁石业务通常来自高利润的并购业务团队。毫无疑问，当该业务引入了小时费率较低的环境律师或劳务律师时，利润就会被稀释。千万别不拿这些百分点当回事：对于相当高的收益而言，利润率哪怕降低一点点，带来的损失都不是一个小数目。

此外，与更广泛的客户服务相关的利润率的微小下降，一定会被从现有客户处赢得的收入抵销。如果公司有办法跟踪实际销售成本（大多数公司目前都没有跟踪数据），那么它们势必会发现，和从竞争对手处吸引一家相同规模的全新客户相比，将现有客户转化成全业务服务的客户所需的时间、精力和营销成本更低。

因此我们的结论是：协作有助于企业实现利润增长。

如果你是一家专业机构的领导人，我强烈建议你用自己机构的数据进行上述分析。我相信你的结论和我在工作中经常看到的是一致的。如果你得出的是不同的结果，那么你应该调查一下你的业务组合及内外谈判的性质。

协作是否只是一种向客户骗钱的方式？绝对不是。我曾向数十位资深管理者展示过上述图片，他们意识到，他们必须为自己在最棘手的问题的解决中所得到的价值付出代价。一名首席法律顾问解释道："这就是我们所谓的战略——我们可以专门从低端的单项业务中挤压成本，这是因为其中大部分工作都已被商品化。这样我们就能把省下的钱投入高端业务。"一家大型跨国机构的首席财务官这样总结："利润将随业务的复杂程度一同增长。"

协作与客户留存

如前文所述，客户通常会发现，用来自竞争对手的相似人员替换个别外部顾问是相对容易的，然而要找到一个完整团队的替代者则非常困难。随着时间的推移，一种复合效应便出现了：一个对客户（包括他们的运营、人事、技术、流程、财务、风险等情况）有着深入了解的顾问团队的规模越大，那么客户想要更换顾问团队的阻碍就越大。

大多数公司在直觉上都认同那些与它们保持约定俗成的合作关

系的客户的价值。我曾经参加过许多合伙人招待年会，会上，公司主席的开幕词里总是会提到公司自 19 世纪末首次公开募股（IPO）以来就一直服务的客户或其他类似的故事。然而令人惊讶的是，很少有公司对它们的客户群进行过系统性的分析，量化与客户长期合作的实际价值，而采取实际行动弥补任何不足的公司则更少了。

一家会计师事务所为了理解协作与客户忠诚度之间的关系而开展了一项大规模研究，揭示了一个惊人的事实。该研究调查了这家会计师事务所最重要的 300 位客户，发现差不多半数客户都是由独立合伙人服务的，而另一半客户则是由两到五名不同的合伙人服务的，这些合伙人各自负责指导不同的客户服务团队。接下来，研究小组采访了这些客户中的每一位，向他们提出了这样的问题："如果你在我们事务所的主要联系人不在了，如去世、离职或发生了别的情况，那么你会去其他事务所寻求服务吗？"

答案请见图 1-7：由单个合伙人服务的客户中约有四分之三的人表示，如果他们的联系人不在了，那么他们会考虑将自己的业务转移到其他竞争者处。相反，那些由多名合伙人服务的客户中有 90% 都表示，他们会保持对现有公司的忠诚。

如果你的联系人不在了，你会寻找其他服务供应商吗？

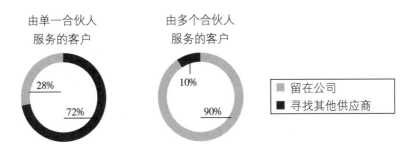

图 1-7　合伙人越多，客户忠诚度越高

你认为这是不言自明的？那么为何大多数公司的大部分客户都是由单一合伙人服务的呢？你是否调查过自己公司的数据？图 1-8 提供了近期一家大型跨国公司的美国客户分布情况，该公司的服务质量在其所在行业协会里名列前茅。根据我的逻辑，你会发现这张图的内容让人感到震惊。实际上，图 1-7 告诉企业的是怎样的协作程度才能提高客户黏性，而图 1-8 则告诉我们即便运作良好的公司也没有认真对待这个问题。[5]

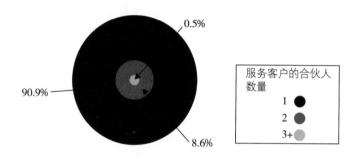

0.5%

90.9%

8.6%

服务客户的合伙人
数量
1
2
3+

图 1-8　大多数公司仅由一位对接客户的合伙人服务

从专业服务公司的角度来看，服务于某位客户的合伙人越多，这位客户就越有可能成为该公司的忠诚客户，而不会被某个单独的合伙人所控制，因此这也减少了专业人士和客户一同离开而带来的风险。如果在外界和公司内部专业人士间存在着更多的联系，那么大型客户团队的作用就会更强，这样单独的合伙人就无法扮演"守门员"控制公司接触客户的机会。假设有这样一家会计师事务所，它的税务合伙人得到了客户财务总监的工作，福利顾问直接从客户人力资源部门得到收入，而房地产小组则正在完成直接来自客户对应部门的任务。此时，即使这位开创了客户关系的税务合伙人邀请了其他所有同事来完成他主导的工作，他也不太可能被视为该客户的唯一"所有者",因此也无法在离职时带走全部资源。换句话说,他在外部人才市场上的价值将会下降,而这反过来又会鼓励他继续留在公司内部,在客户关系的建立上做出更多投入。(对税务合伙人而言,这种情况是因为协作降低了他对外界的价值及跳槽的可能性。他一定想知道跳槽对他意味着什么,那么可以请他参见第二章的内容。)

当然,在多名专家服务于同一位客户时,并不能完全保证该团队不会集体离职并将客户关系带到他们的下一个公司。这种现象被称为"集体跳槽"(lift out),在专业服务公司十分常见。[6]

好消息是,集体跳槽的团队通常局限于工作于单个业务的团队。和那些由同一个组织单元的单一合伙人或团队服务的客户相比,由跨专业团队服务的客户是不太容易被"挖走"的。

综上所述,业务范围是建立固定的长期客户关系的关键:如果客户关系在不同的业务领域、不同的部门及不同地域分布得越广,那么客户就越有可能与该公司保持合作。

协作产生创新

在客户遇到新问题时,他们通常会找团队一起解决。很多人都读过有关最佳业务管理的商业出版物或书籍,他们相信团队比个人更具创造力。毫无疑问的是,当业务需要创新时,客户通常希望自己的顾问也可以创新,协力创造出非常规的方案。

包括我自己的博士论文在内的越来越多的研究都支持了客户的观点,即创新最有可能在专家团队合作的情况下诞生。[7]例如,一项针对半个世纪以来200万项专利以及2000万份学术论文的研究表明,团队比独立科学家更具生产力，团队能够为其所在领域带来更有影响力的创新，甚至在工程及社会科学等历史上被独立"天才"所主导的领域也是如此。[8] 该项研究的作者还写道："令人惊讶的是，在数学这种长久以来被认为是由孤独科学家主导的，最不依赖于实验室规模和资本密集型器材的领域里，却出现了团队工作比例从 19% 显著上升到 57% 的现象。"[9] 一项针对法律学术期刊的研究同样发现，团队协作的研究质量远远高于它们的独立同行；这项研究的作者指出，"法律知识的外延拓展、多样性及专业性"让团队协作方式成为这个领域的一个明智甚至必要的选择。[10]

在我自己的论文研究中，我发现了一个类似的关系：在客户评价中，那些在利用成员的不同背景和专业技能方面做得最好的咨询团队和会计团队在 14 个维度的表现得都更好。它们也是客户表示最愿意推荐给他人的团队。[11]

此外，如引言中所说，并不是所有的问题都需要新的解决方案。相反，对很多问题来说，更重要的是如何让现有的解决方案适应客户的特殊情况。例如，一家大型制造企业的法律顾问表示，他的一位外聘律师曾经建议他："你需要就某个特定的合规问题对每个员工进行培训。你可以推出一个以网络为基础的项目，让所有的员工每年都可以参加。"这个华丽的建议在降低风险和跟踪成本方面是完美的。然而问题是，该客户只有一小部分员工在办公室工作，其余大多数人都在生产线上工作，无法接触到电脑。这位客户需要的是更强调亲身体验的、工厂里的课堂式教学，以及在制造业环境中提供培训并对其进行实时跟踪的方式。这位外聘律师与他的一些服务于公共事业公司和服务业公司（这些公司都有类似的问题）的合伙人重新组队，此外还引入了一个令人意想不到的资源——他所在公司的人力资源功能的开发专家。他们一起改造和修订了他最初的解决方案。最后的白纸铅笔式的（paper-and-pencil）"创新"更像是一种"回到未来"的方式，而这种非常规的建议正是客户所需。这种创新通常需要全新的态度，并且对公司内部资源进行全新配置。

并非只有复杂和高科技的问题才需要采用协作方式或引入全新的解决方案。请看下面这个有关客户公司总经理和财务总监如何评判他们雇用的审计公司的例子。很明显，他们想当然地认为审计师了解国际财务报告准则（International Financial Reporting Standards，简称 IFRS）这样通用的会计必备知识。他们中的一员告诉我："对，他们对国际财务报告准则了如指掌，他们是可以在我们的业务上应用这些标准的专家。他们当然可以胜任，这就是我们花钱雇他们的原因！"

然而在这个看似平淡无奇的情况下潜藏着创新的机遇。最终一个新颖的解决方案从该审计公司的一个下级合伙人那里脱颖而出，这名合伙人对客户公司非常熟悉，他认为该公司的库存跟踪系统并不像它所需要的一样精确。因此，该合伙人团队并没有回归标准的流程（依赖现有的库存跟踪系统），而是通过去仓库检查盒子上的灰尘来判断库存时间。这哪里是什么高科技！但是这确实是一种聪明而高效的、判断在哪些地方需要对标准数据进行检查和二次核查的方案。合伙人团队的努力得到了回报，它们发现了一些后续可能会让该公司付出代价的重大失误。

在这个例子中，推动创新的关键协作并没有跨专业，相反，它跨越的是部门（测量灰尘的方法从零售业被引入了制造业）和层级。如果该项目的高级合伙人不愿意听取下级合伙人的新方法，那么这个项目可能已经不存在了。简而言之，今天在客户服务方面，仅仅知道常规解决方案是不够的，你必须提出更好、更快和更经济的方法，最好能够让客户感到很新鲜，而所有这些都需要专业化和协作。[12]

在引言中，我强调了今天大多数潜在客户面临的一个重要的挑战：它们必须解决的问题的复杂度越来越高。一家消费品公司的首席法务官表示："我所遇到的重大法律事务大多数是多方面的，很少有问题仅涉及一个方面。我们需要不同律师的协作才能解决这些复杂的问题。"同样，在 2012 年 IBM 采访的首席执行官中，有超过半数的人表示，他们有计划与其他公司及专业咨询事务所在他们最希望创新的领域进行协作。[13]

我访问的许多合伙人似乎都持相反态度：由于他们的客户会通过不断地在费用上施压来推动他们提供更好的服务，因此他们认为自己没有任何创新的余地。采购部门在开发复合专业咨询资源上的权势日渐提高的情况也强化了这种观点。

在这种认识之下，当我在某个合伙人的大会上做完演讲之后，一名咨询师对我说："我相信你说的没错，但是在事关我最重要的客户时，我无法遵循你有关协作的建议。他们的每项事务都是通过需求建议书（Request for Proposal，简称 RFP）来决定的，面对采购部门，我的客户无能为力。"

但通常这不过是一个自我应验的预言：因为没有创新的空间，所以我无法创新。非常巧的是，我已经与这位咨询师提及的这家科技公司的全球采购主管进行了一次研究访谈。[14] 这次访谈揭示了有关这类话题的一个非常有趣的变化（其他客户随后也对此表示了肯定）：如果已经非常了解客户的需求，那么在许多情况下，专业服务公司都可以修订需求建议书条款，从而获得更多"喘息的空间"，赢得更多创新的余地。

例如，接受访问的这位全球采购主管告诉我，他们公司的一家供应商对需求建议书提出了将某种特定功能外包的建议。该供应商提出了一个修订版的项目提案，这个版本远远超出了原版需求建议书的范围，并将引入其公司内部多元的专业人员。这家科技公司最终认可了这个大幅度修订的版本。原因何在？这家供应商明确表示，它修改的提案构成了一个试点项目，如果成功，那么项目的规模就可以扩大，并对整个公司产生巨大影响。

当然，如果不那么大张旗鼓的话，这家供应商也可以接受需求建议书相对狭窄的限制，继而在参与的过程中寻找机会引入全新的相关人员。请记住，这并非一个"您还需要配点儿薯条吗"的交叉销售。相反，这是告诉客户："你的问题还有另一个方面需要解决，我们可以为您创新，协助您邀请一个专家团队来解决。"当然，客户可能还是会认为这是追加销售，因此成功与否取决于你是否有能力去解释为何邀请多元专家协作是明智的选择。

协作之下的透明度和风险管理

协作让合伙人能够更好地了解其他同事的工作，因此降低了发生不端行为的风险。尽管蓄意的不良行为是相对罕见的，但它们仍有上升的势头。它们一旦真正发生，可能就是致命的。

尤其是在律师行业，近年来因失职行为而导致的索赔案件激增。原因何在？随着市场压力的增加，一些专业人士开始在这个行业里图谋不轨。为了保持优势，扩展自己的市场，他们承诺提供无法兑现的方案。不幸的是，这不仅是合伙人个人的问题，公司也会因此遭受风险。

智力协作

在 2005 年的一项调查中，美国律师协会（American Bar Association）公布了有关此前五年来律师事务所失职行为索赔案件的档案。[15] 接近半数（47.28%）的案件都是由律师所犯的实质性错误，而非律师事务所内部的不当操作程序造成的。律师对某类法规了解得不够充分，他们无法很好地应用这些法规，他们未能预见到自己的建议带来的全部后果，凡此种种。[16] 这些做错事的人通常被专业服务公司的保险商称为"半吊子"：他们的专业领域十分明确，但是当客户提出该领域之外的问题时，他们却拒绝寻求精通相关专业的同事的帮助，反而试着独立解决。

在这项研究之后十年的时间里，律师和其他专业人士所要解决的问题的复杂度和广度还在增加。一名独立专业人士，哪怕是一位天才，通过单独承担一项复杂业务来蒙混成名的可能性下降了，而与这种行为相伴的风险却上升了。这种现象不仅局限于律师事务所。"过失已经取代了客户的不当行为和冲突，"一家专业公司的保险人最近告诉我，"而无法进行协作则是这些案件的问题所在。"[17]

随着合作伙伴的财务压力越来越大，专业公司不得不面对另外两类危险分子，保险公司也给他们起了很多外号。一类是"孤狼"，这些人牢牢控制着自己的客户信息。如果没有其他同事可以得到这些客户信息，那么出现未经授权的业务的风险会急剧上升。而这正是欧洲银行监管机构和美国证券交易委员会建议它们的交易员休假两周的原因，在这期间他们的同事可以接手他们的业务，从而确保一切都没有偏离正轨。[18] 随着时间的推移，在不同业务成员间推行的持续性的协作能够进一步提高企业的透明度。

另一类是"盗墓者"，指的是这样一些合伙人，他们会给其他部门的下级合伙人增加大量工作，但不会从公司的相关下属部门调遣合伙人来协助工作。他们通常都是被财务指标所驱动的，抑或是他们自身的资源受到了限制，因此他们会动用部门之外的低成本资源。这么做的风险在于，他们既不具备进行质量控制的专业技能，也没有权力通过正式流程来处理下级员工的问题，如绩效评估等。大多数专业服务公司的人力资源管理者也承认：对下属的不当对待，例如加班或不切实际的要求，更有可能发生在合伙人和他们的下级来自不同部门的情况下。通过鼓励同级同事参与团队协作，公司可以防止这类过失和不当行为的发生。

当然，这些风险是无法彻底避免的。但是让更多的人来监督业务（这是来自协作的天然副产品）便一定能够降低这些风险。

客户真的愿意为协作付钱吗

让我们先明确一点：只有当客户满意于团队所提供的价值时，协作的好处才会显现。一些合伙人常常告诉我："我的客户不愿意为协作付钱。"他们非常沮丧地指出，客户越来越多地使用电子支付软件给咨询费用打上诸如"团队工作"、"会议"或者"内部讨论"等活动代码的标签，这样客户就可以决定是否为它们买单了。[19]

本·海涅曼曾经作为杰克·韦尔奇（Jack Welch）的首席律师在通用电气公司工作了多年，他曾经撰写了多篇文章，探讨为何应说服公司内部法务部门从同一家外部公司购买多种服务。他在其中的一篇名为《大的不一定是最好的》（Big Isn't Always Best）的文章中写道：本质上，出于自身利益而追求协作的好处目前尚不明朗。[20]没有客户愿意为相互推诿工作的无能顾问付钱。客户希望他们的专业团队能够充分运用项目管理原则来控制质量，避免对不必要的、质量差的，或是重复的工作付费。

在更复杂的层面上，客户也渐渐意识到他们的顾问公司可以从协作中获益，也因此希望它们能够在这种关系上多加"投入"。一位法律顾问这样告诉我：

当我想深入研究一个问题时，我常常需要整个外部法律团队的介入。一些公司很乐意这么做。但其他一些公司则不太愿意，并且试图从费用或效率的角度来说服我，表示要让它们整个团队投入的代价是非常昂贵的。我有时会反驳，告诉它们要求整个团队参与的部分原因在于让它们了解我们的业务。如果一家公司希望与我们建立深厚的业务关系，那么它们的人员必须了解我们做的是什么，又是怎么做的。

一家公司的律师对我们的业务了解得越多，我们就越有可能雇用它。因此我们必须达成协议，让所有人都参与进来。不过部分培训费用应该由该律师事务所支付，而其他活动费用则由我们来承担。如果你们对此做过沟通，那么大多数公司都愿意找到一个合适的中间地带，在此我们都可以为深化合作及取得巨大的成果而做出自己的投入。

如果你希望实现本章所说的收益的话，那么你必须克服的第一个困难就是得到客户支持协作式工作的承诺。接着，正如上文的法律顾问所言，你必须找到那个为了让这样的工作成为可能而为你的学习经验支付费用的协作者。

协作在哪里可能无法起作用

在本章开头，我曾提到许多种类的专业工作无法从我在本书中提倡的协作中得益。

接受协作的工作方式通常意味着你的公司正在努力提升价值链。但是如果你的公司开展协作的范围仅限于日常、低成本的工作，并且很可能一直停留在此的话，跨业务协作可能对你并没有太大的意义。例如，对约翰五金店（John's Hardware Store）开展审计工作就不是一项有可能从多元专家的参与中获益的工作。

你是否可以，或者说你是否应该放弃约翰五金店呢？这归根结底是一个战略性问题，除了协作之外，它还涉及许多其他问题。当然，在某些情况下人们会押注在具有高潜力的小型公司上。例如在硅谷等地，你可以一边做着检查劳动合同或租约的单人单业务工作，一边怀着一路走下去公司就能上市的心愿。在其他情况下，为了得到或维持与大客户的关系，低利润工作也是必要的。有人认为许多会计师事务所的常规审计工作恰恰如此——这些最基本的工作并不会带来损失，相反它们构建了与客户的管理层和董事层的重要联系，这种关系最终会带来其他领域的高利润业务。

如果你决定从事单一业务，那么你需要在方式上做到灵活而创新。这很有可能需要不同类型的协作，例如，你的核心专业人员可能需要与低成本地区的资源中心合作。20 世纪 90 年代我在麦肯锡公司工作时，该公司已经在印度建立了知识中心（该中心花了 10 年时间才打造其声誉），处理日常和简单的研究工作。而今天许多律师事务所都在效仿这种做法。例如，最近总部位于伦敦的顶尖律师事务所安理国际律师事务所在北爱尔兰开设了一个中心，来自当地的律师主要负责该律师事务所企业并购方面的业务。该公司负责人表示，他们期望此举能够在五年内为他们节省 1 000 万英镑。[21] 甚至小公司也纷纷效仿，希望能够节省更多的成本，提供更具竞争力的价格。

大量法律流程外包（Legal Process Outsourcing，简称LPO）公司纷纷涌现，提供诸如文件审查、法律调查、文书写作及专利审核等律师事务所的基本工作。你的合伙人必须接受与这些外部业务提供者协同工作，而这对技能、态度及方式都会有许多要求，我们将在后续章节详细讨论。

在某种程度上，你的确采用了一种迁移策略，即通过协作来提升价值链。请记住这很有可能会在你的公司里同时创造出赢家和输家。另外有些合伙人将会因为受命提升价值链而感到威胁。作为领导者，你的工作之一就是帮助这些合伙人找到他们在新环境里的定位，接下来的章节将提供这方面的指导。

关于协作者自身

本章我关注的是许多专业服务公司的领导者在思考公司面临的挑战时首先会想到的：把公司经营得更好，并且通过扩张实现盈利。然而精明的领导者明白，他们不仅要赢得客户更多的投入和关注，也要吸引这个领域里最有价值的人才。那么协作能帮助他们赢得这场竞争吗？

第二章将深入探讨协作对人力资源的作用。

第二章

协作之于人力资源

如今专业服务公司之间的竞争愈加激烈，这种竞争不仅是为了我们在第一章详细讨论的客户和利润，也是为了人才。

所有资深合伙人都明白导致这种竞争的原因是复杂的。十分常见的是，合伙人流动性的提升催生了一种自由代理人（free-agent）的心态。在不断壮大的猎头集团的促进下，知识工作者现在对自己在市场上的价值有了敏锐的感知，在为了更丰厚的待遇而跳槽时，他们所面对的文化禁忌也少得多。在某些最热门的领域，具备热门技能的专业人士每周都会接到三个或更多来自招聘人员或竞争对手的电话，这样的情况并不少见。

法律、财会、工程及咨询等许多专业领域的国际性公司进入某国市场后，加剧了争夺顶级合伙人的竞争。例如，当美国的公司开始向伦敦进军，有关该市律师成为与新来企业签约的第一批合伙人，工资涨了两倍甚至三倍的故事层出不穷。尽管合伙人花费了大量时间和精力，斥巨资招募了这些明星律师，很多公司却难以很好地让横向聘用人员融入公司。我的研究有助于解释为何这种失败在很大程度上源于协作问题，同时提供了一些明确的补救措施。

然而，那些还没有遭遇这类国际性入侵的企业或许会经历另一种来自组织内部的压力。领导者必须对企业的健康状况——广义上包括财务健康和高昂士气，保持持续的警惕，否则他们就会有失去最炙手可热的人才的风险。

当然，雇用合适的人才是一方面，但更重要的是帮助他们变得高效并且专注于自己的工作。过去 25 年间杰出的专业服务大师戴维·梅斯特（David Maister）早在数年前就指出："在专业服务企业里，士气、献身精神和生产效率之间存在着紧密的联系。"[1] 过去几十年针对在工作场所占主导地位的心理力量的研究也肯定了这种观点。

今天，我们对合伙人的协作、积极性、他们对所在企业的态度，以及最基本的人员留存水平之间的复杂关系有着非常全面的理解。我的研究和调查工作以世界范围内的许多公司为依据，建立在这些认识之上并扩展了这些认识。我们在第一章考察了经济利益，这里我们将看到另一个互补的数据集合——一个表明协作可以为专业服务公司的人力资源建设做出重要且独特贡献的有力证据。

本章展示的是一些协作方案的成功策略，这些策略能够融合横向聘用的资深专业人才，提高他们的成效；能够吸引和留存最优秀的人才（尤其是千禧一代）；也可以保持人才在岗时的士气和投入的状态；甚至还能让员工在离职后成为"公司之友"。

雇用和融合横向聘用人员

招聘横向就业者，并且找到一种方式留住他们，让他们变得更具成效，这是当前专业服务公司的重大挑战之一。[2]协作在这样的转变中至关重要，但它必须迅速发生：如果横向聘用的合伙人想要在新企业中取得成功，他们必须在最初 18 个月内充分地与在职合伙人和客户进行磨合，当然这个速度最好更快些。具体来说，有两件事情必须在短时间内同时进行：横向聘用人员需要得到至少两个该公司当前客户项目（或者计划，如果不是实际项目的话）的参与机会；他们自己所开发的客户工作（这些客户可以是他们带来的，也可以是新开发的）必须得到至少两名长期合伙人的帮助。如果只进行了一项工作，那么横向聘用人员的离职风险会变得更高；如果两者皆未进行，那么他们很有可能会在三年内离职，如图 2-1 所示。

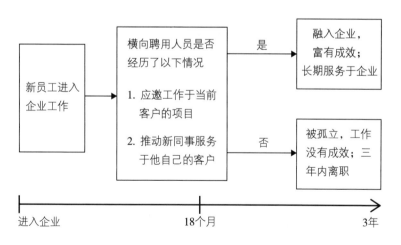

图 2-1 协作与横向招聘：两条道路

资料来源：基于对美国国内及国际性企业的实证研究成果绘制。

请注意，我们这里的分析采用了研究者所说的保守检验法（conservative test），也就是说我们只报告了和这些企业有关的、在统计学上有重要意义的发现。我的这组数据之外的两家企业——一家律师事务所和一家会计师事务所的工作人员曾经告诉我：有关它们自身数据的分析显示，实现协作的关键窗口期是横向聘用人员开展工作后的短短六个月！很明显，如果想要帮助横向聘用人员在加入企业后的短时间内实现上述两种协作，企业需要有精心设计的计划、完美的执行策略及明确的问责过程。在后文我将说到这种计划的要素——一些简短的操作要点。

横向招聘的好与坏

横向聘用人员为何成了抢手的"商品"？因为对于那些迫切需要解决最困难问题的客户来说，有才能的问题解决者和行业专家是不可或缺的。这种需求给市场造成了一些混乱。今天的许多企业都不计成本，试图打造当前最热门的团队。以网络安全为例：在大多数专业领域，客户对其数据和系统所面临的威胁及实际所遭受的损害深感不安。这是一个直接延伸到董事会层面的问题，那些能够可靠地为这些风险提供建议的专家便可打开客户公司的大门，成为它们的高级合作伙伴。其结果呢？每个专业公司在这个博弈中都希望自己而非其他人得到最优秀的网络安全专家。

在此基础上，此前将整个行业划分成所谓"势力范围"的君子协议分崩离析。这种现象尤其在早期稳定的、地区化的市场愈发显著，如菲尼克斯、波哥大、慕尼黑等世界上的许多城市。

例如，当格林博格律师行（Greenberg Traurig）和美亚博律师事务所（Mayer Brown）来到墨西哥，嘉理盖思律师事务所（Garrigues）

来到哥伦比亚后，当地一些资深从业者得到了两到三倍于他们原有工资的薪水（以及额外的津贴，例如优先泊车、弹性工作时间和更多的假期等）。据悉，很多跳槽的专业人士根本没有试图与他们当时所在的公司就待遇讨价还价，他们只是简单地宣称要离职。如你所料，这种情形导致这两个地区的初始工资水涨船高，迫使当地企业不仅要接纳更加复杂和制度化的人才管理机制，同时也更好地传达了在当地公司工作的一般价值主张。这些策略或许还不够：这些辖区的大多数企业都认为，在薪酬标准上会形成"新常态"，而更多的"挖墙脚"，特别是人员全盘撤出的情况将继续发生。

即便在优秀的咨询公司，人员流动性也急剧上升。过去，麦肯锡、贝恩及波士顿咨询集团（BCG）等公司的文化壁垒可谓墙高壕深，以致同行业公司间的人员流动显得极不寻常。现在，这些高墙和深壕不再那么令人生畏。例如，2010年前后，一名合伙人从其中一家企业跳槽到直接竞争者的公司。当他即将离职时，他发现自己公司的合伙协议中甚至没有涉及这种横向跳槽的可能性；他因自己的股票套现权力和其他重要财务问题与原公司爆发了一场旷日持久的冲突。虽然这种行为在过去几年发生得比以往任何时候都要多，但是从那时起，这种公司文化上的禁忌便日渐式微。

因为所有这些及其他更多情况，横向招聘变得流行起来。问题在于，这种积累人才并且希冀得到最好人才的策略就其本身而言并非那么有效。

在花费了大量金钱建造和购买优秀人才储备，扩大地域范围和业务面之后，今天的专业服务公司已经得出了一个令人清醒的结论：除非找到让合伙人相互协作的方式，否则所有人才都无法提升竞争优势或利润。为了将那些昂贵人才的价值最大化，企业必须以客户所认同的方式来整合其合伙人多样且分散的知识。然而研究表明，企业通常都非常不善于整合横向聘用人员来发挥他们的全部价值。

例如，沃顿商学院（Wharton School）的马修·比德韦尔（Matthew Bidwell）在一项被恰如其分地命名为"付出更多获得更少"的横向招聘研究中，考察了一家金融服务公司——美国投资银行分部的长达六年的人事数据。他发现，尽管外聘员工比内聘员工拥有更高的学历和更多的经验，外聘员工在头两年的表现要比那些从该机构内部提升到相同职位的员工差得多。此外，他还发现，无论是由于辞职还是被解雇，和内聘员工相比，横向外聘员工离职的可能性也大得多。同时，比德韦尔总结道：公司为雇用外聘员工所提供的薪资要比这些内聘员工高18%。[3]

大多数企业发现，它们通常需要数年时间才能让一名资深雇员加速发展，以达到他们在老东家时的绩效水平，更不用说让他们变得更有成效了。[4] 然而以律师行业为例，一名横向聘用的合伙人连续工作满三年的可能性基本上不会比扔硬币的概率大——大于50%。[5] 一项针对伦敦律师事务所的研究得到了一些真正糟糕的统计结果：足足有20%的横向聘用人员在加入新公司一年后离职，另有50%会在五年内离职。根据报道，企业用在这些未能成功留住的员工身上的花费为每名员工15万美元，但该领域大多数专家都认为实际开销（例如考虑合伙人对他们进行面试和入职培训所耗费的时间）应是这个数字的两倍。[6]

另一个问题在于企业错误地评估和过分地强调了职位应聘者现有的业绩。许多企业使用横向合伙人问卷来测定应聘者的业务材料的真实性和价值——大多数合伙人都明白他们要对应聘者的业务材料打几个折扣。问题在于，这几个折扣到底扣在哪些方面？那些在招聘中见识过太多欺瞒的招聘专家和高层领导再次指出，应聘者的业务材料可扣除的水分可能高达 60%！[7]所以你们实际上为什么买了单?

而成功并非是轻而易举的。有力的数据表明，跳槽的专业人士的业绩可能会大幅下降，他们需要用三到五年的时间才能恢复原有的绩效水准。[8]

横向招聘的风险远不止工资上的冲击。显而易见的是，新人的到来给在职合伙人或想要成为合伙人的人员带来了潜在威胁。如果有一位拥有某项专业特长的明星般的资深员工，他一路晋升，满怀着成为合伙人的期望，当他发现公司已经从更权宜的角度出发，决定从外部聘用一名相同专业背景的、拥有一定业绩的人士的时候，那么让我们想象他的反应吧。我们可以原谅这位内部员工下定结论，认为他被提拔的机会就此直线下降。而这位内部员工在面对那位新人时是否会建立协作的意识呢? 绝无可能！

此外，横向招聘会给薪酬体系带来巨大的动荡，因为接受跳槽的机构通常要为从外部引进的人员支付更多费用以补偿他们更换雇主的风险。以美国的律师事务所为例，与横向招聘相关的压力往往是同一公司合伙人之间存在薪酬差异鸿沟的原因：尽管美国公司支付给合伙人的最高和最低费用的平均差距是 10∶1（这已经是非常大的差距了），但在横向招聘泛滥的公司里，这个比率可能会惊人地高达 23∶1。

最后，横向招聘最大的风险可能在于组织文化的淡化，甚至更糟。[9]有时，不同视角的新员工的加入可以开拓全新思维方式，带来新机遇，对公司大有裨益。[10]然而，聘用来自不同文化背景的公司的员工，只会让你的公司的企业文化听天由命（除非你特意寻找和聘请拥有独特、多元特征的职位应聘者）。例如，一家精品咨询公司在业务兴旺的一年中，在原有 15 人的基础上引入了 5 名合伙人，然而一年间，公司领导人和大多数合伙人都在为原本和谐的集团内部出现的裂痕和内斗而担忧。

那么该怎么做呢？一些行业的领导者，如律师业的瓦赫特尔-利普顿-罗森-卡茨律师事务所（Wachtell，Liptoon，Rosen & Katz）的领导者，为了保护公司的资源、维护公司独有的文化，禁止了绝大多数的横向招聘［尽管如此，这家值得尊敬的公司还是存在一些著名的特例，如聘请年届 90 岁的罗伯特·摩根索（Robert Morgenthau），他曾被《纽约时报》形容为"带着内容如死海古卷般庞大的通信簿的传奇前任检察官"］。[11] 高管猎头公司亿康先达（Egon Zehnder）有一条限制性的禁令：它可以从其他领先的专业服务公司招聘人才，但不可以从作为它的直接竞争对手的其他高管猎头咨询公司招人。曾经一度，亿康先达 270 名与客户打交道的员工中有 40 名都来自麦肯锡。[12]

假设你所在的公司得出的结论认为横向招聘的潜在优点大于缺点，那么你可以采取一系列步骤，更好地发挥横向招聘的优势。这些步骤可分为三类：数据分析和公司的准备、对应聘者的评估，以及聘用后的导师和问责制（见图 2-2）。下面让我们逐个分析这些步骤。

分析、决策、准备	评估应聘者的协作能力	融合、配备问责制度和支持
• 计算预期投资回报（ROI） • 聘用前的产出分析 • 做出外聘是否必要的判断	• 协调面试：确定聚焦领域和结构化审核形式 • 提出考察工作方式的问题，探索应聘者的协作经验和态度 • 明确表达企业的协作期望	• 横向聘用者：设计商业计划 • 招聘支持：将横向聘用人员介绍给客户和其他合伙人 • 领导者：就横向聘用人员的表现对招聘团队实施问责，提供预算和支持

图 2-2　雇用和融合横向聘用人员的三个步骤

数据分析和公司的准备

首先，你需要通过以数据为基础的有力分析，为每一次横向招聘工作建立业务方案。很多企业自欺欺人地认为它们已经具备了这样的体系，但是我看到的大多数方案更多的是概要而非分析——这一点也不令人惊讶，因为这些方案是由时间紧迫、手头没有相关数据的合伙人草就的。相反，你要做的是邀请你的财务和业务开发专家参与收集、分析内部数据及市场数据，计算每个应聘者的预期投资回报。更具体的是，分析师应该与建议招聘的团队及相关团队合作，弄清一系列现实的场景，从而计算初始的预测投资回报对这些不同方案的敏感性。

有关招聘与否及招聘人数的决策不仅要以这些财务模型为依据，

同时还应考虑战略因素，如扩展商业机会、在特定地区市场开设新办事处、合伙人流动率，以及新开发的（或发展中的）业务团队或以部门为中心的团队等。针对每项因素，你必须分析当前的资源储备和利用率，弄清现有内部资源是否可以满足新兴市场的需求。你可以把要求定得高一些，说服自己只有横向招聘才是唯一的选择。

对此，一家美国咨询公司的首席运营官是这样说的：

在由合伙人提出的横向招聘案例中，我们对员工和人员利用率数据的分析显示，至少有 **80%** 的公司有闲置的人力资本来胜任这个角色。有时，这需要对资深员工的技能进行微调，但这是一种比寻找外部应聘者更稳妥的投入。

当我这么游说提出需求的合伙人时，他们通常认为横向招聘比技能调整来得更快，抑或是出于沟通的便利，他们需要某个特定的人选与他们一起办公。

现在，我们开始执行一套更为正式的横向招聘流程。在撰写所需业务方案的过程中，合伙人通常解决了自身存在的问题：通过与同事协商，收集关于需求的数据，他经常会发现公司实际已经具备了必要的专家。这样，我们的需求便严格聚焦于那些公司里还没有配备的特定专业人才，或是公司想要发展的战略问题上，后者通常是由公司的执行委员会发起的。

这样一来，自下而上的需求大大减少，而我们并没有受损。这与我们此前所担忧的恰恰相反。[13]

其次，我们也要仔细确认组织是否准备好接纳新的合伙人。业务团队是否已经被适当地调动起来？如果你横向招聘了一名合伙人，这名合伙人的业务是否能够得到充分的协作支持？公司或业务团队是否新近横向招聘了许多其他人员，占据了人们对入职人员的全部注意力和精力？回答这些问题的能力直接关系到你是否能够帮助新合伙人取得成功。

我也建议企业用另一种方式来进行分析。哪些业务团队或单个合伙人曾经成功地组建了横向聘用人员的团队？收集和回顾过去五年间你的横向招聘数据，尤其注意推动或支持招聘请求的人，以及应聘后这些横向聘用人员的表现。你可能会发现某些合伙人或业务团队的努力与成功率之间存在着密切联系，在这种情况下，你应该对他们未来的招聘申请给予更大的认可，以此来奖励他们。反之，你的分析可能会反映出大量的人员流动，这可以有力地证明，这些问题团队没有从战略角度思考招聘需求，使用了不合适的招聘标准，或是缺乏恰当的方式让横向聘用人员在入职后很好地融入企业。

如果在令人信服的证据和坚实的战略计划的基础上，你确实认定横向招聘就是最好的选择，那么你就应该需要像前文的首席运营官所言，为此设立一份商业计划。这份计划应包括具体的客户目标，一名认同行动起始时间和最后期限的指定问责人员。

评估应聘者的"协作能力"

毫无疑问，你的公司已经有了一套非常完善的用人评估机制。如果它们真的能够给你带来想要的结果，那么就不要跳过这些已经被时间证明的有效的步骤。请使用它们，但同时也要考虑增加一些技巧，来帮助收集可以证明应聘者协作能力的依据。

例如，多重面试减轻了单一意见方出现偏见的风险程度。有些公司会让面试者接受来自不同部门和不同地区的员工和合伙人的面试。埃贡·泽德尔（Egon Zehnder）提供了一个十分有趣的例子：
"如果应聘人员参加了位于两个大洲的七个不同办公室的 25~40 场面
试，其中两个或更多的面试结果显示出对应聘者的犹疑，那么该应
聘者将不会被聘用。"[14]

单纯设置多重非结构化的面试是一种时间上的浪费，因为这些
面试或许无法发现关键问题，应聘者专业领域之外的合伙人只能在
应聘者与公司文化的"契合度"上做出评判。相反，想要让多重面
试取得成效，需要在公司内部进行大量协调工作，包括在面试前确
定面试官关注的职务和资质，在后续面试中完善不足并继续试探面
试者可能有的缺点。例如，一家咨询公司的面试官在面试某个特定
应聘者时，他们会提出自己的评价并对在后续面试中可能遇到的问
题提供建议。最终，从这些面试记录中可以挖掘出成功入选的应聘
者以及他们在哪些能力方面还有待提升，为未来员工的融合及培训
计划打下基础。

就面试过程而言，采用行为问题而非假设性问题是目前最佳的
面试操作方式。这类问题会要求应聘者描述他们经历过的特殊情况、
应对方式及情绪反应，或者还会要求他们说说自己从中学到了什么。
例如："你可以告诉我一个有关你做了糟糕决定的例子吗？"接下来
的问题有："你当时的感觉如何？你是否采取了纠正措施？你是受到
了打击还是试图将影响降到最低？"面试官可以根据应聘者对每个
问题的情绪反应继续挖掘。

这样做的目的是打破应聘者计划好的标准答案，从而使面试官
能够了解与应聘者的情绪反应相关的具体情境。这将让我们更加深
入地了解应聘者解决问题的方法和他们的情商——这是一项对客户服
务至关重要的技能。这样做的依据在于，过去的行为是预测未来行

为的最佳因素，而近期或长久以来显现的行为模式也能起到同样的作用。

一些面试官会在这类问题上采用不同的形式，他们会邀请潜在的横向聘用者就公司正在发生的实际情形进行讨论，从而观察应聘者的反应。"为了评估他们解决问题的智慧，"一位资深咨询师告诉我，"我会和他们分享一个我正在处理的问题。我会就处理方法、可能的解决方案、突发事件和风险等对他们进行试探，从而了解他们的能力到底如何。"

很明显，采用行为问题的面试方式对很多合伙人来说都是新鲜的。要想实现这种方式，必须经过培训和练习，而这正是很多人所抗拒的。但是请想一想：试探、聆听、分析和移情这些面试不可或缺的技巧与经验丰富的咨询师为了发现和理解复杂的业务问题而应用于客户的方法如出一辙。因此，对于那些能够成功发掘具有协作能力的应聘者的合伙人来说，他们也一定是具备了更好地发掘客户商机，可以让应聘者的能力有用武之地的那些人。

你怎样才能直接评估一位应聘者的协作能力呢？我的建议是在面试前就提出这方面的要求。如果你通过猎头公司来招募，那么请确保那些招聘人员已经非常了解你在协作上的要求，并且做好了筛选具备这种品质的应聘者的准备。应聘者应该明白，他们会被详细地询问作为团队领导人和成员的协作经验，如果不能提供可被证实的项目成果的跟踪记录，那么他们就不必来申请这个职位了。任何在这些要求面前退缩的人最后都会被淘汰。

在面试现场通过上文提到的行为问题对面试者进行探索之后，接下来招聘人员便可直接切入协作问题，尽可能多地通过具体且成功的案例来概括公司在协作方面的期望，明确对协作的考核及财务和其他方面的奖励方式。应聘者必须了解公司对业务的发起和执行的关注程度，以及公司跟踪这些活动的方式；解释公司对职业辅导、营销、公司管理、招聘、无偿志愿性服务等非计薪活动的重视和奖励程度。明确的表述有助于通过自我筛查减少不具备协作品质的应聘者，这不失为一种非常高效的筛除方法。

请记住，我们的目标是找到这样的人——他们不仅自己能够创造收益，同时还能利用他人的能力，让他人在可能的情况下贡献自己的专业技能，并为企业带来更多收益。说得更直白些：如果你想让你的合伙人协同工作，那么请停止雇用笨蛋。

聘用后的导师和问责制度

再次强调一下我对这部分的基本观点：协作是确保横向招聘能够取得成功并带来效益的关键。那么协作到底是怎样起到这种作用的呢？协作让横向聘用人员跟上了公司业务发展的节奏，让他们认识了自己的同事，最重要的是，协作在横向聘用人员、他们的同事及新客户三者之间建立了信任。当然，关键是要保证你的公司已经做好准备去发展这种有助于横向聘用人员发展的协作方式。

大多数公司已经为新员工提供了一个名义上的"伙伴体系"，但是这其中真正起作用的项目少之又少。通过以下具体措施，可以创造出成功融合横向聘用人员的最大可能。

- 在横向招聘人员进入公司后，立即与他们合作制订一项战略性的客户服务计划，为他们提供与在职合伙人接触的具体机会。领导者应该主导这些引荐工作，并向在职合伙人明确表示他们应该参与其中。在职合伙人或许会表现出不信任新来同事的倾向（"他带来了其他公司的客户，如果我和他分享自己的客户，我会失败的"）。这种抗拒心态必须被根除。

- 为新聘任人员分配一名同级导师，帮助他学习公司文化规范（那些人力资源部门不会提到的事情），例如公司里那些好似"忠诚掮客"的人，这些人会协助合伙人建立与客户及其他工作的联系。在理想的情况下，这位导师最好是新聘任人员在招聘过程中就接触到的，因为这样他们就已经建立了一定程度的人际互信关系。

- 让招聘团队的一些特定人员（来自业务团队、职能部门或最好两者兼有）承诺他们会像招聘前的业务计划所描述的那样，负责将新人引荐给一些事先约定好的客户或其他类型的战略联系人。要求他们（你可以向这些特定人员施加压力）向你或者至少向他们的业务领导汇报进展，但不必向人力资源部门的职能人员汇报。这里的关键在于提出具体的要求并且问责到位，你不能抱着一个模糊的希望，认为合伙人在从事他们紧迫的工作时还会按你的期望行事。

- 为横向聘用人员提供拜访同事（即便只是探索性的谈话）的预算，并预设他们将在入职的6~8个月恰好用完全部预算。然后跟进。

- 为新人举办正式的内部路演，向职能部门、业务小组和部门展示他们的客户工作。确保部门领导已经事先和新人进行过沟通，这样领导可以向新人展示在演示文稿中提到的特定联系人或客户机会，以及让最具协作潜能的人员参加路演。

- 邀请横向聘用的合伙人指导能力较强的资深员工。帮助一个人更好地学习某类知识的最好方式就是让他来教授这项知识。

- 让横向聘用人员参与公司运营。例如，一旦新人适应了公司的环境（如两年之后），则可以为他分配公司委员会的角色，或一个新的领导职位。
- 明确告知招聘团队：它们找到未来横向聘用人员的能力取决于它们是否能够成功地融合新人。你或许无法立即看到财务上的成效，但是你应该能够跟踪这些活动：有多少合伙人利用了新人的专业知识进行联合竞标，创造了白皮书或会议展示等全新的知识产权内容，抑或拜访了客户？当合伙人真正创造了这些机会，请务必在公司内部表彰他们。对优秀行为的认可不仅能够鼓励更多的合伙人效仿，同时也有助于传播新人作为具有协作意识的公司增值资产的声誉。

在今天竞争激烈的市场里，你的公司在吸引、融合及留存横向聘用人员方面的能力是一种重要的竞争力。如果应用得当，那么它可以让你提升公司内部的协作水平。当然，"得当"的应用需要强有力的领导、持续的努力，以及来自不同层级的合伙人对新人进行协作的坚定承诺。所做的一切得到的回报是值得的，而如果不这么做，后果会十分可怕。

吸引和留存千禧一代

现在让我们看一看协作对吸引和留存千禧一代（出生于 20 世纪 80 年代早期至 90 年代中期的人群）的作用吧。尽管他们现在只占劳动力市场的 25%，但在十几年后，千禧一代将超过全球劳动力资源的 75%。[15] 尽管你的公司中年长一代都对此暗自怀疑，但这的确是真实的：千禧一代终将接手你的公司。如果有这样的机会，他们更有可能带着热情和技能来工作。

招募不到千禧一代的首要原因纯粹是吸引力不够。例如会计师事务所正面临着实际的人才短缺，因为它们越来越难吸引优质人才加入会计行业。职位候选人越来越少，这意味着会计师事务所之间将会出现一场争夺高水准人才的较量。

律师事务所的情况同样如此。现在申请法学院的人越来越少。尽管著名的法学院依然能够招募到和过去人数相当的申请者，但这些申请人的质量却出现了下滑。一些数据显示，美国法学院入学考试（LSATs）的高分得主根本没有申请法学院。[16]

简而言之，一些最受尊敬的行业现在的确非常缺乏优秀的未来人才，这会带来短期和长远的影响。在许多专业服务公司里，杠杆效应是关键：公司对初级员工提供的服务以足够高的小时费率收费，这样利润就能流入合伙人的口袋。[17]为了确保这一点，现在你需要的是作为杠杆的工蜂。但更重要的是，你需要他们在十年后成为你的合伙人。如果你没有赢得他们，那么这就很有问题了。

即使你成功地招聘到了千禧一代，然而这些人的留存又是一个新的挑战，而这正是协作可以提供帮助的地方。在我近期发起的一个小组讨论中，一位小组成员语出惊人。"和千禧一代一同工作是一种完全不同的体验。"她说道，"最近一位年轻的初级员工在大厅里追上我说，'嘿，你为什么把这段话从客户文件里删除了？我认为这一段真的非常好'。"这位年轻人在走廊里向这名合伙人施加了很大的压力，要求她给个解释，并且以她在过去几十年从业经验里前所未有的方式向她质疑。我注意到许多客户都对这则逸闻点头表示认同。

智力协作

这个例子表明，"协作"对千禧一代来说有着不同的意义。他们希望能够更多地参与到工作的方方面面。他们想不断地挑战自我，并且能够挑战他们的上级领导。他们期望在职业生涯早期就能够从事重要的工作，并且被最高决策者注意到。

一项涉及 43 个国家 16 637 名千禧一代的大规模研究表明，千禧一代尤其希望为赋予他们权力的领导者工作。[18] 事实上，对北美洲、西欧和非洲的千禧一代来说，"被赋权"才是他们在领导层中寻求的最重要的价值。这究竟意味着什么？每个人对赋权的定义不尽相同，但是相关研究表明，大多数千禧一代希望能够做出独立的决策，选择他们自己的道路。

这里还有另一种文化因素在起作用。近年来，"对首席执行官的崇拜之情"已急剧淡化，今天的人们（特别是年轻人）相信企业家精神是一种个人价值。正如他们看到的那样，团队协作让人们变得更有创造力，是一种开拓创新和创业的方式。

千禧一代也重视良好的工作-生活平衡关系。同样，每个人对平衡关系的理解都不一样，但是他们中的许多人在自己的个人生活里追求的都是灵活的时间安排和充足的休闲时间。超过半数的千禧一代会优先考虑与家人共度时光，他们表示愿意牺牲一份高薪且有声望的工作来改善工作与生活间的平衡。[19]

然而这并不意味着千禧一代只想做简单的朝九晚五的工作。实际上，很多人希望自己的职业生涯在不断的晋升中快速发展，并且愿意更努力地工作（如延长工作时间或承担更多压力）以增加事业成功的机会。理解这一点对公司是非常重要的：在千禧一代看来，灵活性不只意味着少工作一点时间，更是一种达到自己想要的工作-生活平衡感的手段。一位初级员工在访谈中表示，这更多是与决策而非平衡有关，即能够在特定情况下做出到底牺牲什么的个人选择，例如追求职业机会而舍弃计划已久的度假。

综上所述，这些发现的意义是非常明晰的。如果你的合伙人坚持以一种谷仓般孤立的、抗拒协作的方式运作，那么他们可能很快就会失去一些最宝贵的年轻同事。

因此，请让我推荐两种可以让公司吸引、留存和引导千禧一代的方式。[20] 这两种方式都会带来双赢。首先，它们认同千禧一代对于我们之前所说的参与、挑战、赋权及灵活性的偏好。其次，它们增强了这些年轻一代专业人士的协作技能，这样，他们在技术上有了准备，并且在心理上能够接受在成为合伙人之后参与协作。

第一种方式被我称为提供"自由市场式"支持的协调性工作任务分配机制。在这种方式中，中心化和去中心化都很重要。首先，让协调者为初级员工分配项目解决了千禧一代对缺少发展机会的担忧，而这种发展机会在千禧一代职业生涯的早期是相当重要的，因为他们在这个阶段对在公司内部建立职业关系网络可能会感到焦虑。其次，在整个过程中，配套的自由市场机制具有持续性和选择性。如果一个合伙人和千禧一代找到了工作关系上的共同利益点，那么他们可以继续保持这种关系。而千禧一代同样可以寻找新的协作关系来满足他们自己的创业意愿。

瑞格律师事务所（Ropes & Gray）采用了尤其巧妙的方式来协调任务分配，它设立了一个机制，其中千禧一代需要根据自己的工作情况填写周报，内容包括他们当前的工作以及他们可以用于完成新工作的时间。千禧一代可以提出想做某类工作的要求，而协调人则会为其寻找这些工作。千禧一代还会被要求预估自己想要承担的新工作的数量。这个方法从两个方面增强了千禧一代的自主感，以及他们认为自己能够保持工作-生活平衡的感觉。此外，这种方式允许千禧一代在他们所选的业务领域里提出工作需求，为他们提供自己想要的发展机会。

对"自由市场式"提供补充性支持的机制，有助于进一步满足千禧一代对灵活性和影响力的偏好。让千禧一代有机会通过与某些合伙人的多次合作来维系关系，可以帮助他们强化关系网络并提高声誉。一名千禧员工曾说："当你在一定程度上可以选择想与之一同工作的合伙人及自己想做的工作时，你会感到更有参与感。"拥有强大内部关系网同时参与感很强的千禧一代更有可能在公司工作得更久，并且更富有成效。从长远角度来看，这些关系将成为合伙人为自己的客户开发渠道，并以此提供强有力的业务贡献的基础，而这正是高度协作的公司的核心组成部分。

我在这里建议的第二种方式是一种高效的无偿服务项目，它可以解决千禧一代的一些关键问题。首先，它可以满足年轻人对工作挑战的渴望。在谨慎地为千禧一代提供无偿服务机会的前提下，公司可以确保千禧一代所从事的工作能给他们带来更多责任感，丰富他们在充满激励性和挑战性的领域的经验。

其次，由于没有来自付费客户的压力，因此无偿服务项目是一种让员工更独立的方式——它们培养了员工的自主权，并且强调他们拥有维持工作-生活平衡所需的灵活性。此外，因为允许千禧一代去探索他们业务团队之外的领域，无偿服务项目可以消除千禧一代常常害怕被限制的恐惧，同时也建立了可以增强他们跨专业协作能力的知识基础。最后，公司可以根据千禧一代在无偿服务上的表现来评估和提升他们的人员管理能力和项目管理能力——这两者都是有效协作所需的重要基础能力。

是否有更概括性的措施可以让公司尤其是规模较小的公司应对千禧一代的担忧呢？答案是有的，这些措施包括以下几点。

- **提供更好的反馈**。千禧一代渴望了解自己到底做得怎样。请对所有层级的专业人士进行培训，指导他们如何提供有效的反馈（具体的、明确的、易于理解的）以及如何获得反馈并采取有效行动。
- **打造一种文化，让监督者——合伙人、资深员工、普通职员都感到自己不仅有能力，同时有义务提供非正式的反馈**。用高盛集团（Goldman Sachs）的话说，就是"匆忙反馈总比没有好"。尽管这种反馈看上去是仓促的，并且不够完整，那也总比让千禧一代在不知情的情况下重复错误要好得多。
- **专注灵活性**。希望能够满足千禧一代保持工作–生活平衡的需求的公司，或许可以考虑为千禧一代提供更具灵活性的工作方式，如远程办公方式（这种虚拟工作的技能也可以使跨地域的协作更加流畅）。此外，千禧一代并不一定认为他们应该被允许少工作几个小时，他们只是希望对工作和工作之外的时间有更多的掌控。

让今天的团队更有成效且更忠诚

在本部分内容中，我将首先关注为何在今天所有层级的团队成员间提倡协作对公司来说是件好事。此外，"公司的好事"指的并不是让人感觉良好的成果，尽管这么说也没什么错，但是它更多地意味着财务和战略上的积极作用。我将强调以下三个作用：承诺和归属感，目标定位及我所谓的"意义和知识"。[21]

承诺和归属感

数十年来的心理学和社会学研究显示，个人和同事间的正式与非正式联系越多，那么这些个人对他们的工作及雇主的承诺就越多。[22]这一点值得强调：在团队中工作较多的雇员会在心理上产生对组织的强烈依附感，因此他们往往会将公司视为他们自身的重要组成部分。

你是否注意过你的一些同事是如何表达这些内容的："我们希望在 X 市场里发展。"或"当合作伙伴倾向于 Y 市场的时候，我们会非常重视。"在组织行为研究中，这些有关"我们"的表述不仅有力地预示了一个人想留在机构继续工作的期望，也反映了他们想要从事导师、招聘及管理工作等公司重要发展活动的意愿。

我自己的调查和档案研究证实，许多专业服务公司员工的积极性、归属感及最终的留存率都会因他们的合作经验而提升。[23]许多参与过协作性客户工作的合伙人都表示，他们从中得到的最大好处便是他们有机会见到新同事，或是加强了现有的关系。例如，一名受访者写道："在同一个小组工作时产生了同事情谊。"另一个欢迎协作的理由在于如果不这么做，那么"作为合伙人有时是相当孤独的"。

合伙人同时还提到了协作是如何在工作中帮助他们获得支持的。例如，有人写道："问题被分担，等于问题减半，有专业技术可用是令人安心的。我感到自己承担的责任得到了更多支持，我的焦虑也就更少了。"还有一个人这样回答："作为团队的一分子，我变得更加投入了。"

这些回答都是针对具体情况的，但是我们的实证分析表明，将这种情况推广至更大的范围是合理的。我们有令人信服的证据可以表明，那些在公司里有更多协作经验，即与更多同事一同完成实质性客户工作的人不仅在公司工作的时间更长，他们在职期间带来的经济效益也更好。

而那些忠诚的具有协作性的合伙人绝大多数会带来积极的涓流效应（trickle-down effect）。如果合伙人更擅长协作，那么他们更有可能参与到更多初级员工与资深合伙人的实质性客户工作中去——这并不是让他们通过"做完这项单独的工作并在完成后交付"的命令来分派任务，而是让他们运用聪明的头脑去帮助解决复杂的问题。这不仅让他们的创意成为高层讨论的前提，更能让那些初级员工有机会直接接触真正的客户。这类团队里的初级员工不仅能够得到更多学习和展示新能力的机会，同时也能够获得更好的指导。而这些方面会相互促进，提高年轻员工和高绩效员工的留存率。

目标定位

一个人在机构里结识的联系人（例如在交易团队或参与联合竞标工作时认识的人）越多，那么这个人对机构的价值观和目标的认同感及接受度就越强。高层领导常会抱怨他们的合伙人总是称客户为"我的"客户而非"我们"的客户。协作可以补救这种情况：协作经验鼓励人们不再把自己看作"特许专营部门"，而是将自己视为相互依赖的团队的一个组成部分。

在回答我的调查中有关个人协作经验的问题时，专业服务公司的合伙人常常会主动提出以下观点。一名合伙人写道：我非常重视与其他合伙人共同从事的团队工作，因为它能够产生"一种我和同事正朝着一个共同目标，即公司的成功和繁荣而努力的感觉"。另一个人则表示，通过"团队协作，你的自豪感和成就感会更强烈"。跨越内部边界的协作，例如跨业务小组、跨业务部门或跨越不同分部的协作，打破了经常被诟病的（但很少被驳斥的）"竖井心理"（silo mentality）。

意义和知识

让员工更全面地思考客户问题，并且深入地思考如何将自己的专业技能用于更大的解决方案，是合伙人之间的协作用以提升积极性和生产力的另一种方式。心理学研究已经令人信服地证明，当员工觉得他们的工作有意义，同时对机构及他们的客户十分重要的时候，他们就会付出更多努力，并且对团队和机构都更加忠诚。[24]

在一项旨在明确高绩效和低绩效团队间关键差异的研究中，盖洛普咨询公司（Gallup）调查了来自50 000个团队的140万名雇员，向他们询问了从使命、目标、薪酬到职业发展机遇的种种问题。接着它们选出了被高绩效团队成员认可，而未被其他团队成员认可的观点。排名第一的观点是："在工作中，每天我都有机会去做我最擅长的事情。"那些成员"强烈赞同"这种观点的团队得到较高客户满意度的可能性高出其他团队44%，员工流动率更低的可能性高出其他团队50%，而取得成效的可能性则高出其他团队38%。[25]德勤会计师事务所对自己的团队进行了六项抽样调查，检验了盖洛普的发现。同样，来自高绩效团队的所有员工都认可了以不同形式表述的同样观点："每天我都有机会发挥自己的能力"。[26]

在对我的调查的回应中，合伙人常常会提到他们在协作工作中向同辈学习的能力。通常他们提及的学习类型有两类：内容和过程。

受访者表示，自己获得了有关"公司其他部门在做什么及市场机会的信息"，对"我们的客户业务及可以向哪些人寻求特定业务的建议"有了更全面的认识，并且"了解了其他同事业务线之间的细微差别"。除了这些内容知识，合伙人也提到了通过协作来发展自己的职业技能，例如在问题解决、客户竞标准备及沟通过程中得到提升的那些技能。

如何培养员工的生产力和忠诚度

前面的例子或许暗示了协作能够自动带来生产力和忠诚度方面的优势，但实际上，只有优质的协作才能保证产生优势。如果合伙人只是简单地召集起一个团队并以"部分相加就是任务的总和"想当然地分配工作，那么这就很难保证协作的优势了。更糟的是，低效和不协调的团队工作反而会浪费时间，并且会挫伤员工的积极性。

你可以提高这样的可能性：让你的合作伙伴有能力且愿意为了产生最大的成效而在协作上付出努力。那么该怎样做呢？

- **为项目的有效启动创造坚实的方式。**以麦肯锡为例，该公司有这样一种模式，其领导先向团队介绍项目和客户目标，以此启动每个新项目，再明确讨论每个人该如何融入整个大的项目之中。项目团队成员也要用一些时间来了解彼此的工作方式、工作强度及发展领域（这个步骤在团队成员已经相互熟悉的情况下不会超过半小时）。在团队成员的目标定位方面，帮助他们了解哪里可以寻求帮助（避免让领导成为解决问题的唯一的途径），以及让他们了解自己的专业对整个方案做出了怎样的贡献等，该步骤都是必不可少的。开发一个标准模式，并且培训合伙人和高级经理去使用它，接着通过系统的强制性来保留他们的费用代码，直到他们真正启动项目后才将这些代码提供给他们。

- **促进个人在团队内的互动。**除非有机会在协作过程中进行互动，人们是不会建立相互关系或感受到来自同伴支持的好处的。提供差旅预算（最好在项目早期需要建立互信的时候），让员工拥有面对面交流的机会。在项目进展直至尾声的过程中，可以提供适当的庆祝经费来鼓励团队专注于成功。这些交互将提高成员的自豪感和成就感，提升公司的士气，构建作为协作文化精髓的"黏合剂"。

- **嵌入明确的学习过程。**借鉴精英部队的做法，最好的团队领导者会利用庆贺前的时间进行简短的事后评估（AAR），从而提升团队成员从失败和成功中学习的能力。[27]事后评估是团队反思的一种形式，这种形式让参与者回顾他们的初衷、实际情况与问题产生的原因，以及他们从协作过程中学到的东西。更重要的是，这么做的目的并不在于谴责，而在于学习和促使人们反思，并以此让学习成为可能。[28]作为公司领导，你应该在这些行动上做出表率，并且让你的合伙人也这么做。

- **提供信息分享的技术平台。**让协作者了解彼此的工作进程并分享项目相关的知识应该并不难。这种透明度让参与者对项目及其不同部分的相互作用有了更深入的了解，有助于培养一种共同的目标感；它也有助于学习，因为参与者会接触到其他人的思维方式，而不仅仅是他们的最终成果（有关这个话题的更多内容请见第六章）。

建立离职员工的忠诚

你的公司不能也不可能让任何人都永远留在公司（无论在概率上还是经济性上这都是违背现实的）。但是协作方式有可能让员工产生即便离职后都能持续的忠诚，而这种忠诚对你的公司来说是真正有价值的。

协作何以发挥这样的作用呢？简单来说，一些感到和公司有紧密联系的人会在离开公司后成为公司的朋友。我的前任雇主麦肯锡，从来没有公布过它的数据，但行业内长期以来流传的是，该公司的大部分收入来自其与前任员工的紧密联系。麦肯锡同样也会宣传自己的老员工网络，其中包括一个拥有超过 2.7 万名前任咨询师的数据库，而这也是它们吸引潜在雇员的主要优势。[29] 对此该公司的网站这样写道：

老同事——一个一辈子的社区

和在麦肯锡工作一样深深地激励人心的事情是，总有人会离开。而我们对此没有怨言。

实际上，我们对他们作为全球性业务领导者所取得的成就感到十分自豪。我们约有四分之一的前任员工开创了他们自己的企业，超过 400 人成了市值超过 10 亿美元的企业的首席执行官。

我们认为，让麦肯锡存在于很多非麦肯锡机构之中是一件很好的事。因为麦肯锡的协作与支持性的企业文化，人们在这里成了一生的朋友。

我们的前任员工人数已逾 3 万，他们工作于 120 个国家的商业部门、公共部门和社会部门。在正式场合和非正式的沟通中，麦肯锡的前任咨询师结成并维持了专业工作关系。对于那些有兴趣沟通的老员工，我们会定期通过电子邮件、双月网络广播（bi-monthly webcasts）、领英网站及麦肯锡网站和他们进行交流。这种动态网络是麦肯锡职业生涯的一种持久优势。[30]

普华永道（PwC）会计师事务所的老员工网络拥有超过 10 万名前任雇员，通过与他们保持长期的联系，该公司获得了很多好处。首先，它的业务社区（包括老员工）帮助公司确定新趋势并接触潜在客户。其次，普华永道创造了一种新型的"半老员工"，这些人不再全职服务于公司，但在特别忙碌的时期，他们会回来短暂工作一段时间。

这里约定俗成的一点在于保证人们在公司工作时能够与公司保持足够紧密的关系，这样他们在离开公司后，依然会渴望与公司分享自己的专业知识、联系人或其他资源。协作帮助灌输了以下观点：如果他们曾经是一个强大的协作团队的一员，那么这种身份认知可以持续很久。然而，只有在其他一些重要因素到位时，这种认知才可以延续下去。

- **明确期望**。如果你的公司拥有一个"不进则退"的晋升体系，那么请从你开始招聘时就明确说明大部分人是无法成为合伙人的。[31]
- **持续对员工的发展提供诚实的反馈**。当他们明显没有走上正轨时，请（在可能的情况下）给他们一个选择："你必须在这些特定方面做出改进来提升你的业务水准，否则请你另谋出路"。反馈从来不应提供意料之外的信息。
- **保持积极而现实的沟通**。麦肯锡有一个明确的口号，即那些无法在该公司取得成功的人依然是"赢家",但是这些人需要找到一个可以更好地运用自己技能的地方,或是在另一个环境里茁壮成长。

- **给员工预留时间寻找下一个机会,帮助他们找到适合他们技能的职位。**人们发现,将离职者推荐给现有客户或有需求的客户是一件共赢的事情,而精明的公司知道,让员工以好状态离开公司才是最重要的。

- **允许离开的员工掌握话语权。**在麦肯锡,大多数人都是带着"令人兴奋的新机遇"离职的。除了一些亲密的朋友,或许没有人知道他们是出于自愿还是被迫离职。但这并不重要,因为在他们离职时,他们已经找到了很好的落脚点。

以上五个步骤非常关键,它们有助于把人们以员工身份参与协作时获得的积极经验转化成离职后与前任雇主的长久联系。如果你的公司文化体系和人才管理体系足够强大,能够支撑这种老员工建设项目,那么也有助于促进员工在离职前加强协作。

从其他角度看协作

以下是本章的一个关键结论:协作并非只能让人感到自己似乎在做最适合自己的事情。实际上,这是一种自我实现的预言。协作更好地实现了这种"适配",让努力变得更有成效,因此也能让公司变得更加成功。

本章中的许多具体内容(或指导方案)或许会让读者认为提倡协作不过是一种经过简单伪装的策略,其目的是让员工完成更多的工作。这种想法大错特错！协作可以是启发性的、激励性的，甚至是令人快乐的。一名管理咨询师最近向我讲述了他在竞标新业务时的经历。他与另一名合伙人合作，两人的任务是赢得澳大利亚偏远地区的某些知名的潜在客户。他表示，他有勇气和毅力来做这件事，只因为他和别人结成了团队——这样他俩都觉得自己更勇敢，承担风险的能力也更强了。"当然这不总能奏效。"他边回忆边笑着说，"当这么做不起作用时，我和她常常会去酒吧喝上两杯啤酒，一笑而过。然而如果只有我一个人来面对同样的挫折，那么我一定不可能再继续下一个竞标了。"

　　这可以作为后续章节的一个好的开端。以上章节都是从公司的视角进行讨论的，即公司为什么会关心协作并对此进行投资呢？接下来的四章将从其他视角提出类似的问题：为什么公司里的关键人物要仰赖并投资于协作方式呢？

　　我们将在第三章讨论被我称为"独行侠专家"的人群：他们已经证明了自身的价值，并且相当自信，认为自己有能力根据专业技能出售想要的工作时间。我们需要说服这些人，让他们相信协作会给自己带来新的机遇。

第三章

协作与独行侠专家

　　第三章至第五章重点关注公司内部的个人协作者或潜在协作者。本章的主角是被我称为"独行侠专家"的一群人。这类专业人士通常位居专业服务公司的中层或高层，他们已经凭借自己在特定领域的专业知识赢得了声誉。他们拥有一个依赖于自己专业技能的坚实客户群，他们也是公司在解决专业服务类问题时的首选人物。

　　让我们假设这样的描述说的就是你。我们可以进一步假设：你对现状十分满意，并且不打算引入协作者来打乱你运转有序的机制。当然，你会给下属委派一些任务，因为你需要利用他们的杠杆价值，但是你不会让其他领域的同行牵涉其中，除非他们的专业知识是客户真正需要的。换句话说，在迫不得已时，你有能力也有意愿协作，但是你自己并没有主动发现这么做的意义。

我并不打算在本章改变你的想法。我认为如果想要保持业绩增长和提升赢利能力，你必须让同事与你的客户进行接触。从长远的角度来看，你也需要他们为你做这样的事情。就像谚语说的那样：没有屡试不爽的方法。[1]

此外，让我们假设你是公司的高层领导，当你看到独行侠专家这个词的时候，你非常清楚我指的是哪些人。谢天谢地，你的团队里有许多这样的人。他们是可靠的收入来源，他们在竞争激烈的市场里不断地帮助公司提升声誉。他们在这个市场里拥有特许经营权，并且经营得很好。说得更直白些，他们控制了贵公司重要客户关系的很大一部分。你敢鼓励他们进行协作，从而冒险惹恼你的独行侠专家并打乱他们既有的工作模式吗？作为公司的领导者，你是否有更长期的义务来开拓和深化与客户的关系呢？

我们将会看到，这些关键问题的答案显然是肯定的。

独行侠专家可以从协作中获得经济利益吗

让我们从最关键的地方开始。我的研究明确显示，和私藏自己业务的人相比，那些神通广大的协作者，也就是分享他们所开创的业务的人，最后都会得到更重要的订单。

为了描述协作是如何增强专业技能从而开创业务的，让我们来对比一下两个公司合伙人全然不同的道路——他们都是现实生活中的人物。他们看上去有很多相似之处：年龄相仿，并且都在同一家公司的相同业务领域工作了同样的时间，在同一年从法学院毕业，甚至平均每年的收费服务时长也是一样的。请看一看图 3-1 中两个规模不等的蛛网图[2]。图中的每个点代表他们公司里的一位合伙人，它

们之间的线段表明合伙人至少在某个客户项目共同工作超过 15 小时
（这里指的不仅是客户的独立项目）。

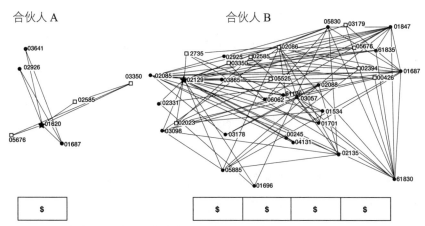

图 3-1　协作与业务发展

注：两位（几乎）一模一样的专业人士，业务相同，毕业时间相同，加入公司的时间
相同，每年计费工作时间相同。

　　这里发生了什么？他们每年的计费工作时间几乎相同，但是，
如图 3-1 所示，他们分配这些时间的方式很不一样。合伙人 A 在自
己的客户业务中引入了 6 名其他合伙人，其中半数来自他自己的业务
领域之外，如图中方形交点所示（圆点表示同一业务内的联系人）。
相反，合伙人 B 则在他的客户业务中引入了超过 30 名其他合伙人，
其中三分之二来自他自身的业务领域之外。很明显，合伙人 B 的跨

业务方式取得了成效：来自他的客户的年收入总和超过了合伙人 A 从自身客户资源中所获收入的 4 倍。

图 3-2 提供了随着时间推移的分析。在这种情况下，我们比较了两名来自会计师事务所的合伙人，他们在人口统计学和专业的关键指标上的表现同样非常相似。最大的差异在于合伙人 A（上）在 2011 年开创了大型关系网，与他合作的合伙人也持续增加。如图 3-2 所示，来自由他作为首席合伙人的客户项目的收入在接下来四年里增长了 133%。相反，合伙人 B 的关系网络一开始相对较小，发展也十分有限，因此，来自由他作为首席合伙人的项目收入从 2011 年至 2015 年仅仅增长了 36%。这些非常简单的数字无法告诉我们到底是协作导致收入增加，还是收入增加带来了协作。但两者的关联值得探究。

我对 10 年来这些现象的研究揭示了一种明确的因果关系。那些系统性地在自己的工作中引入其他合伙人的独行侠专家将会因此受益，即便一开始独行侠专家的业务规模受到了限制，但在随后的几年里他们的业务订单将大幅增长。也就是说：无论该合伙人这一年做了多少业务，如果他将部分工作推荐给其他合伙人，特别是他自身业务之外的合伙人，那么他的业务开发量将在下一年得到大幅度增加，并且会比那些私藏业务的人要多。此外，即便对其他可能影响个人收入的因素进行调整，如个人所在的分公司、业务团队、组织任期或上一年的营业额等，这种影响仍会持续。我对多个专业服务公司的数据进行了分析——这些公司的服务领域、规模、地理位置及薪酬体系都各不相同，最终得到了同样的结论。

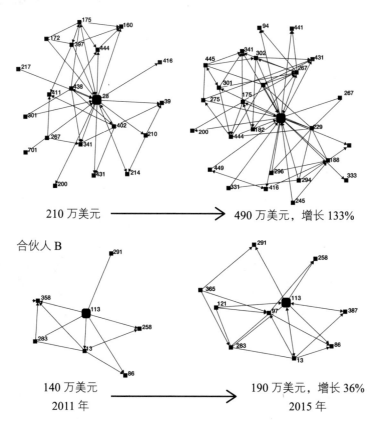

图 3-2 随着时间的推移，协作和关系网的规模对收入的影响

如果你所在的是一家成熟的公司，它以盈利为标准来评估你的业绩，那么协作在此也可以发挥作用。图 3-3 概括了有关协作问题的研究成果，这里采用的数据是一家美国本土专业服务公司提供给我的经验业绩。你可以看到，净收入（我们也可把它称为"利润"）明显在首席合伙人（或首席合伙人团队）提供给客户的业务或服务增加的情况下出现了增长。

那么当业务加入其他人员时会出现怎样的影响呢？一般来说，

智力协作

净收入与首席合伙人关系网络的规模（对此我的定义是一年内参与首席合伙人项目的合伙人级别的协作者的数量）之间存在很强的关联。图 3-4 概括了我对这个问题的研究结果。这些结果同样并非完全相关，但是其中体现的趋势是显而易见的。

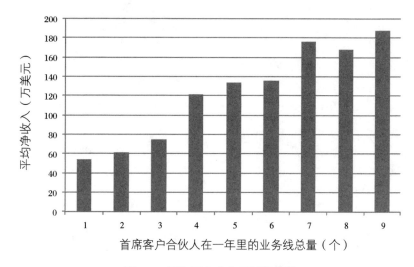

图 3-3　引入更多业务领域的价值

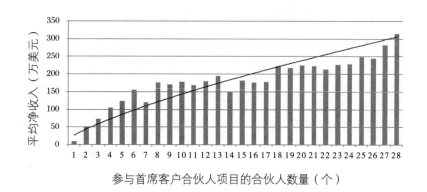

图 3-4　首席客户合伙人的关系网规模与产生的总利润

细粒度分析（finer-grained analyses）可以区分分别与现有客户以及新客户建立业务关系的影响。对下一年收入的最大影响来自独行侠专家现有客户项目中的跨业务协作：也就是说，这一年他邀请的来自其他业务的合伙人越多，那么下一年他就会从现有客户那里赚到更多钱（参见图 3-5 右下角的方格）。你同样能够看到，与自己业务里的合伙人进行协作将会使未来的现有客户收益出现巨大增量（图 3-5 右上角的方格）。

对新客户来说，跨业务协作是长期收入增长（图 3-5 左下角的方格）的强有力的预测指标，但是，即便当年与业务内的同事进行合作也会提高从新客户那里得到工作的能力（图 3-5 左上角的方格）。

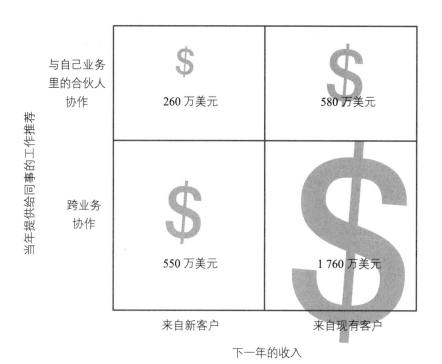

图 3-5 协作对下一年业务开发收入的影响

智力协作

那么这又是怎么一回事呢？结果显示，业务开发收入不仅是由独行侠专家引入的合伙人数量所决定的，同时也会受到一年内售出的跨业务项目数量的影响。使用合伙人的"项目数量"替代"协作者数量"作为当年的独立变量做进一步分析，结果显示，这一因素同样能够显著地预测该专家下一年的业务开发收入。换句话说，独行侠专家不仅能从数十名同事参与的巨型项目（如大型并购案或被非常高端的人才独霸的并购后整合项目）中获益，同时也能通过更多更小的多业务项目来发展自己的业务。

对此有两种解释。很明显，最简单的是：任务的委派将创造更多杠杆机会。你分派出去的工作越多，你可以用于开发新工作的时间也就越多。当然，通过创建灵活的团队，你也就创造了一个能够更好地了解客户需求并且寻找新机遇的"侦查班"。第二种解释则不那么直白，但是却更加重要：协作过程也是你的学习过程。当你理解了其他业务团队以及它们为客户带来价值的方式，你就有能力进行更广泛的战略对话。你不仅可以学到其他领域的专业术语和假设前提，你同样得到了考察客户问题的一套新方式。

然而，跨业务协作并不能让你立即成为其他领域的专家。但是你的确从中学到了足够的知识，能够发现之前自己无法理解的问题，至少你可以开展一些此前被认为是越界的对话。有了更多经验，你就会获得向食物链上端攀升的信心，因为你的现有客户会开始让你承担更大规模的业务。

同时，你也会让客户变得强大。一位和我一同工作过的税务顾问，通过她的雇员和房地产合作伙伴来协助自己的客户（一名税务总监）为相关行业的客户提供服务，从而轻松地实现了协作。这位精明的客户仔细地听取了他们的建议，并且在自己召开的会议上也变得更加机敏，随着时间的推移，这位客户将三方人士汇聚在一起，让这些人有机会为更加复杂的问题提供建议。这样的接触让他们对在哪里和如何提升价值有了更深入的洞悉，同时他们也在持续扩大有关专业和业务的合作范围。

或许这是理所当然的，但这位客户的收入的确出现了剧增。

实际和可预见的协作障碍

前文提供的数据回避了一个显而易见的问题：如果协作真的具有带来如此巨大收益的潜力，那么为何这么多合伙人都抵触它呢？

我对不同公司的数千名专业人士的调查给出了许多答案。[3]首先，这些收益需要一定时间才能实现：这并不是说合伙人在完成首次复合型业务交易时他的每日收益率就能显著提升。其次，这其中还有不少障碍和风险。当成功的独行侠专家进行他们个人的成本效益分析时，即便这是一种粗糙或直觉上的分析，他们也有可能认为协作不会带来回报，至少短期内不会，因为这期间他们在很大程度上受到了来自提升个人工作时间和业务订单的压力。这是来自成功的高压：对独行侠专家来说，高期望值从来不会下降，它们永远都很高，或者会变得更高。

你可以改变这样的成本收益分析吗？答案是肯定的，你可以降低协作的障碍以及它的固有风险。让我们逐个考察我在研究中发现的六个障碍。尽管对不同公司而言它们的重要程度不一，但它们出现在了每一个我研究过的情形中。我将引用那些真正与这些障碍抗衡过的人们的观点，在列出所有障碍后，我会逐个提供如何克服这些障碍的建议。

能力上的信任

简单地说，在独行侠专家眼里，能力上的信任意味着我是否可以相信我引荐给客户的合伙人不会破坏这种关系？即便你并不担心同事单纯的技术能力，但你或许会害怕他以更微妙的方式搞砸一切，例如对客户的响应不够快速。

如果一个人的专业知识与你的差异越大，那么你就越难准确地判断这个人的能力，因此你也更加难以信任这个人。当不同业务领域的专业人士在一起工作时，他们一开始可能要在不同的"思维世界"（例如新的行业术语、不同的假设前提或是不熟悉的方式等）之间建立连接。[4]这种连接要求双方超越自己的信念，在许多情况下，还要求他们有共同的经验或共同相处的时间。

近期通过兼并得到壮大的公司通常会重视技术鉴定，这也是当下越来越常见的一种现象。协作面临着组织上的桎梏：合伙人常会怀疑，如果这些因为并购而进入联合公司的人员参加的是单独面试，他们是否还能够通过测试。

国际性的扩张同样会引发信任问题，因为跨文化的误会或刻板的印象会强化这样的一种理念：来自别的城市、地区或别的国家的人工作起来远不如我们内部的合伙人那么努力，他们或是没有接受过很好的培训，或是不愿意在周末工作，或是不想因为给客户回电话而打乱自己的家庭度假，或是其他任何能够助长合伙人对跨国协作的焦虑的表述。

当与独行侠专家谈到协作时，我通常会听到这种对专业性、响应能力和其他客户管理规范的担忧。哈佛法学院法律职业研究中心的研究证实，众多律师对以下描述感到担忧：首席法律顾问表示，他们很可能会减少协作工作，不仅是因为个别律师玩忽职守，更在于大多数相关处罚（54%）都会涉及该名失职人员所在的团队或部门。[5]这种负面的光环效应可能会延续许多年。

这就是说，如果我引荐你一同工作但你却搞砸了，那么我很有可能会因为你的不称职而受到打击。

人际信任

是否存在这样的风险：一个相当有竞争力的合伙人会因为要得到自己的业务而破坏我的业务关系？或是新近横向跳槽来的高手有意"挖走"我的客户？

即便那些相信自己的同事不会蓄意使坏的人，也会担心自己失去对业务的掌控或得不到足够的信赖，此类现象十分常见。我的研究表明，这些担心更多来自频繁招聘横向跳槽人员的公司。尽管合伙人会因为将自己原有的业务带到新公司而受到欢迎，但这种超凡的实力就像一把双刃剑：当他的新同事想到他能够如此便捷地转移重要的可移动资产（毕竟他刚刚这么做过），他们在将他引荐给自己的重要客户时便会再三思量。即便在组织性很强的公司，这种担心也非常普遍。

这种不信任似乎源自两种情况。首先，一旦公司超过了一定规模——150人（通常被认为是一个相互极度依赖的社区的"自然极限"），那种可以从内在加强信赖的人际关系便开始受到侵蚀。[6]其次，不论公司规模如何，现在的商业压力常常都会在合伙人之间产生更大的竞争。

有趣的是，每一次我在公司合伙人大会上提出这个结论时，现场都会有人拒绝相信他们的合作伙伴是这么想的。但请相信我：他们确实是这么想的。当我在这样的一场会议上分享有关他们同事

（匿名）的调查结果时，发生了一场激烈的简直要互砸食物的辩论！
其中有这样一些说法：

"协作只适合那些更爱给他人施加压力而非服务客户的合伙人。"

"合伙人只是为了个人利益而'协作'，他们会在自己的发展道路
上碾压任何人。"

"我无法指望任何人，每个人都各管各的，他们不会支持我。"

很明显这里并非发展协作的沃土。

对深入研究更广泛的客户问题的信心和能力

外部顾问无法理解客户的业务是我在客户那里听到最多的抱怨。
我访问的大多数客户都告诉我，在手头的那一小块业务领域中，很
少有外部顾问敢向客户询问他们最紧要的问题。

很多独行侠专家承认自己在介绍不完全擅长的话题时会迟疑不
决。在他们对我的调查的回应中，他们常常这样写道："我不知道如
何处理我不太擅长的与专业相关的客户问题"或"我不会在我的核
心知识领域之外进行沟通"。这种焦虑可以理解。甚至更加老练的业
务开发者也承认他们不太愿意参加那种只讨论一个议题的客户会议，
而这个议题就是："是什么困扰着你让你夜不能寐？"

但这是一个很好的问题，如果迟疑着不敢提出这个问题，则意
味着许多合伙人失去了找到其他业务团队的同事来真正提供价值的
机会。相反，他们却一直在努力向不需要因而不愿再接受这种服务
的客户推销。

此外，专业人士通常不愿意将自己的同事介绍给客户，因为他

们担心这样就等于承认了自己的弱势或自己成了一个中介。如果这就是你的障碍,那么你需要重新思考你的定位。客户经常对我说,他们非常希望自己的顾问引荐其他人。一位高层客户表示:"我对那些声称懂得一切的人深表怀疑。最佳人选是那些知道自己不懂什么,以及在遇到问题时知道如何获得帮助的人。我想找的是这样的律师,在他们不知道答案时,他们会努力寻找那些知道答案的人,然后以富有成效的方式与这些人协作。"

如果你正是这样一位被困在专业谷仓壁垒里的独行侠专家,请坚持住:救兵已经在路上了。

对你所在公司的产品缺少了解

对一名专业人士而言,仅仅在更广泛的跨专业问题上为客户提供服务是不够的。这样的专家也必须了解自己所在公司满足客户需求的产品体系。但是随着公司的发展,要想持续不断地跟进公司内部的可用产品变得越来越难。

一位合伙人向我承认了这一点:"我对公司可以可靠完成的或不能完成的业务缺乏了解。"这种缺陷常常会阻止专业人士提供客户重视的跨业务产品。

一家公司在年会上举办了一场竞赛来考察合伙人对公司的认识,涉及的问题包括:"我们的医疗服务在每个区域发展得都很好,是真是假?"大多数合伙人都败下阵来:他们对自家产品的了解甚至比公众在网上点几下鼠标找到的还要少。

低效的协作过程

很多专业人士根本无法适应团队合作,而这意味着他们对协作的抵触不仅是积极性的问题，还是一个涉及基本操作的实践问题。这样的现象出现在两个阶段：协作的开始阶段和进行阶段。例如，一名受访者写道："我们公司的规模和地理分布让找到合适的人选这件事在逻辑上变得非常困难。"

即便在找到了称职、可用的贡献者，并且说服他们参与之后，一些专业人士还是不愿付出成功带领团队所需的努力。一位律师这样写道："我毕业于法学院，这样我就能够处理棘手的法律案件。如果我想管理团队，我何不去拿个工商管理硕士学位？"其他人则表示："独立工作是一种更快的选择"以及"太多人参与有时会导致重复劳动或缺少决策"。

一些受访者强调了在融合不同专业知识时遇到的挑战，例如"应对执行业务的不同风格和方法"。其他人则担心不同学科间缺少统一的标准，如"不知道另一条业务线是如何定义高质量工作的"。最后还有人担心协作者在面对不同客户文化时能否即时调整自己，并且变得足够高效。"我们的客户真的各不相同，"一个受访者这样写道，"因为我们必须适应他们对响应时间、专业术语，甚至格式上的期望。这听起来可能微不足道，但是当你尝试采用联合协作的方式时，就会出现许多有关孰是孰非的争论。"

但你明白，客户总是对的那一方。客户对内部的争论不感兴趣，因此当然也不会付钱让你用他们的钱做出两套解决方案来。难怪你会担心效率低下。

协作政策以及同事工作管理上的混乱

除协作成本之外，许多合伙人还非常关心这样一个艰难的、微妙的协作过程，即尝试去领导那些不习惯听从别人的同事。当然，事实上很少有专业人士真正在工作上"单打独斗",大多数人都习惯任用自己团队里的下级员工,这些员工的技能和专业人士所具备的技能相仿(但程度较低),他们的提升取决于自己是否可以让合伙人满意。许多专业人士不太习惯与其他部门的同事进行协调,更别说让合伙人感到满意了。

在这一点上,我的一些受访者认为这是一种"期望上的脱节"。说得很好。这种脱节直到协作顺利开展才会显现出来。最后,我们应该永远记住,人毕竟都是人,尤其是最成功的独行侠专家,他们不愿意让自己的情感受到伤害。我调查的一名专业人士写道:"担心打扰别人或吃闭门羹……一些人非常不容易接近,每个人都很忙,因此这种环境通常不利于开展协作。"

独行侠专家开拓协作的方式

总的来说,以上六个障碍看似相当困难。想成为协作者的人能够克服它们吗?

答案是肯定的。在我工作过的每个公司,在跨领域、跨地域、跨文化背景的情况下,至少有相当一部分公司的专业人士已经找到了如何通过高效协作来开发、发展并且留住高价值客户的方式。他们最重要的策略之一就是纯粹的坚守,正如你所期望的那样,协作往往会随着经验的提升而发展。一旦他们建设了自己的协作网络并培养了能力和性格都得到他们信任的专家团队,协作的风险和相关成本都会下降。当他们学会了其他领域的专业术语、技术方法,以及假设前提,他们就能更高效地与同事一起工作。

回顾第一章的"克服痛点障碍"图(图1-1),可以发现随着时间的推移，成本下降而收益上升，但前提是你坚持协作的时间足够长。

其他的一些策略能够直接解决上述六个障碍，从而帮助专业人士更快地从协作中得到更多收获。这看上去恐怕有些重复，不过我将再次以同样的顺序回顾这六个障碍，向独行侠专家提供成功解决并克服这些障碍的建议。

建立能力上的信任

当你想要开展协作，而你的团队中还有一个明确的空位，但是你却不太确定你的公司里有谁可以胜任这个位置时，你会怎么做？"很简单"，你可能会这样说，"去找最明显不过的人选，即最资深的合伙人，那位头发灰白且久负盛名的专家。"

问题解决了吗？实际上并没有，因为有时候求助于最无疑和最有吸引力的专业人士反而会造成更多要解决的问题。首先，你公司里的专家大多数是超负荷工作的。他们或许会在与他们专业相关的业务上投入了大量的时间，不可能忙里偷闲，例如指导你如何说服客户，或是对竞争对手的行为开展头脑风暴，或是参与后续业务的投标。

其次，最初级的专业人士——那些渴望工作和客户机会的人，很少有机会做出他们自己完整的贡献。一名被公司回应主要客户提案需求的方式激怒的合伙人告诉我："这简直就是偏袒，这只会让那些'受宠的男孩'获益。控制这项工作的合伙人根本不愿意与他的小集团之外的人分享该工作。"当然，对于这些阻碍协作的高负荷人员以及未被充分开发的高潜能人员来说，这是非常低效的。在面对一个不明朗的市场时，大多数经济学家都非常苦恼，而这就是其中之一：很多公司都被（对专家服务的）过度需求以及（来自想要做出贡献的人的）过量供应所困扰。

那么对这种能力上的信任问题有何解决方案呢？请弄清谁在公司里扮演了中间人的角色，他们不一定是正式的领导，而是那些人际关系强大，并且愿意与你坦诚地谈论他人优缺点的合伙人。请让他们为你推荐能够很好地满足你的客户需求的合伙人。这意味着除了他们的专业技能，他们的工作和沟通风格以及其他因素都可以帮助你判断合伙人是否具备与你的客户“匹配”的潜力。

随着时间的推移，你需要建立一支专业技能值得信赖的团队。测试他人能力的一种低风险方法是与他们一同完成一项第三方合伙人的项目。很明显，这种策略奏效与否取决于你是否开拓了一个有效的关系网。因此下一次有同事打电话询问你对某个客户的意见的时候，请不要考虑机会成本（例如你本可以将这些时间用于开发自己的客户），你应该重新将这个情况看成一个开拓关系网的机会。这就要求你要努力去参与，去学习，去开拓。

培养人际关系

我曾经工作过的一家公司聘用了一名心理治疗师。每周他会用一天或更多时间来帮助合伙人梳理他们在工作中遇到的个人和人际关系问题。他告诉我，信任问题是合伙人最普遍的挑战之一，并且有一些人的确找到了信任他们的同事的方法。他对我说：“有些人更警觉、更偏执，他们认为自己的人际关系会因为来自童年或婚姻的不幸而变得糟糕。其他人则非常乐观，愿意尝试接触其他人的机会，并认为自己会以积极的方式进行实践。”

他的经验告诉我们，除了心理上最脆弱的合伙人，所有人都能够学会培养信任感，但很多人需要反复、安全的互动，才能在面对彼此的时候感到舒适。对于横向聘用人员来说，这个问题尤其突出，因为他们不仅不知道向谁寻求帮助，同时其他人也会因为他们可能会背叛自己（因而显得很危险）而避开他们。引荐是判断谁值得信赖的最安全的方法之一。正如公司里"诚实的中介人"可以帮助你找到符合专业需求的人选一样，引荐人也应当能推荐符合你的标准的人选。另外，当问及谁有专业技能来填补你的客户团队的空白时，一定要问一些涉及他们性格的关键问题（尽管这些问题会令人尴尬）。

此外，请重视同化作用。如果你的行为是正直的，请继续保持；向他人提供建设性且诚实的反馈，而不是在背后谈论他们的缺点；以及竭尽全力保持客户关系的透明，那么你更有可能成为吸引其他值得信赖的合伙人的磁石。别忘了今天的初级员工就是未来的合伙人。因此如果你想打造一个值得信赖的形象来吸引高质量的协作者，那么请以尊严和公正对待这些初级员工，这不仅是一个道德问题，更是一桩精明的生意。

建立深入研究更广泛的客户问题的信心和能力

你如何才能足够巧妙地向你的客户提出那个关键的问题：是什么困扰着你让你夜不能寐？

这里我的第一个建议是你不能装模作样地提出这个问题。你必须对客户的业务产生真正的兴趣，这里不仅包括你必须关注的技术问题，还包括"大蓝图"式的宏观问题。如该公司的领导引以为豪的是什么？它们最激烈的竞争来自何处，为什么？它们的业务和职业生涯的最大风险是什么？

了解这些宏观问题的方法之一是看看客户的咖啡桌。他们定期阅读什么？你可以订阅这些刊物，从而深入了解该客户所在公司的竞争环境。

陈乐钧（Loke-Khoon Tan）是贝克-麦坚时律师事务所的合伙人与知识产权业务组负责人。[7]他曾与他的合伙人一起成功地为一些世界最知名的奢侈品公司提供了法律咨询服务。他最初的业务重点是亚洲境内的知识产权问题，但在数年前，在公司的支持下，他在公司内部组建了奢侈品与时尚"子业务"团队。他订阅了《女装日报》（*Women's Wear Daily*）来跟进这一行业的动态，他开玩笑地说他常常会看到邮递员对他流露出怪异的神情。他用业余时间阅读一些看似不相关的报刊，他对此的解释是这可以让他变得更明智。

我觉得自己必须尽可能多地了解行业知识。今天我们可以找到很多因为对这个行业深入了解而取得成功的例子。

我还会阅读行业刊物来获取那些或许是客户最在意的讯息，例如传闻、潮流引导者、大型活动等。我发现在客户会议上提到一两条这样的讯息会让我显得更加可靠，并且有助于加深我们之间的关系。

你会发现任何组织中最优秀的销售人员都有这样一套带着个人色彩的技术。当我在 20 世纪 90 年代担任宝洁公司销售代表的时候，我的许多经验丰富的同事都是《进步杂货商》（*Progressive Grocer*），《超市新闻》（*Supermarket News*）和类似杂志的忠实读者。

这样做一点也不难，而且一点也不奇怪。因此在我询问一位合伙人他是否知道客户的红利到底依赖于什么时，我常常会感到大吃一惊，因为他们的回答总是"我不太确定"，而这种情况时有发生。这非常令人惊讶！如果你有意在个人和职业层面帮助客户取得成功，你一定要确定问题的答案，不是吗？这就要求你必须了解他们的个人和公司指标。如果一位客户的领导在成本控制方面施加了很大压力，那么你设计的那些新产品可能就显得不够现实，甚至令人讨厌。

然而，你可以通过揭示和分解他们最深切、最害怕的担忧来扭转一段紧张的客户关系。一名来自全球性公司的咨询师叙述了一个有关全世界最大的石油和燃气公司之一——"能源公司"（EnergyCo）的故事：

曾经有一段时间，能源公司取消了所有咨询上的开销，但这并没有影响我们。在一名外部咨询师的协助下，我们学会了如何将谈话聚焦于能源公司最重要的问题。尽管没有业务可做，但我们保持了对话关系——我们告诉能源公司，我们想与它们保持往来并共同学习。我们一起锁定了该行业的一个大问题：如何在储量减少的地区处理晚期资产。

随着时间的推移，我们认识了能源公司的首席运营官。而此前他从来就不可能给我们任何机会。他是一个真正强硬好斗的人。我们最终得到了与他初次会面的机会，一切进展得很好，我们还认识了他手下的一些人。为什么我们成功了呢？正是因为我们对这些客户的全面了解，给我以及整个团队都带来了信心，让我们以更加可靠的方式去看待和谈论他们的问题。

当我们第一次见到这位首席运营官时，我们没有带 PPT（演示文件）。他厌恶咨询师，他认为我们不能带来任何价值。然而，我们引导他讨论运营问题。我们带去了一张图表，展示了我们对它们在北海（North Sea）的竞争对手的研究。他真的把椅子拉到我们这边的桌子旁看了起来。

两个月后，我在一次招待会上偶遇了他，他与我说话的方式像个多年未见的老朋友，非常热情和开放。结果，在我们曾经关注的那个领域（如何在储量减少地区处理晚期资产）出现了一个非常重要的提案请求。这个提案请求只针对我们和另外一家小型机构，而我们常见的竞争对手一家都没有出现。[8]

请记住，多人组合会给组合中的成员带来安全和舒适感。在第二章末尾，我讲述了两位咨询师在澳大利亚的陌生拜访之旅中相互支撑的故事。他们做好了被拒绝的准备，事实上他们也的确常常被拒绝。他们也做好了犯错以及提出并非严谨的观点的准备，也就是说，他们做好了受打击的准备。这是为何？部分是因为他们都在朝着同一个目标而努力。

此外，从事你真正有激情的事情。前文提到的陈乐钧之所以投身奢侈品和时尚产业是因为他个人对此很感兴趣，而且他的业余爱好集中在品牌推广上。在他作为知识产权律师的工作中，他经常接触这个行业，并且与之有很多联系。他发现那些联系人都是有趣且有创造力的——部分是因为他与他们有同样的兴趣。"在处理'某著名时尚品牌'客户工作的时候，我很自然地将我的兴趣爱好和工作结合起来。"他解释道，"了解有关他们的知识，并将这些知识带到工作中，这十分吸引我并且能让我为公司做出贡献。我做这项工作正是因为我想做。"[9]

最后你必须相信，随着时间的推移和不断的实践，你将更加擅长这些沟通。坦诚地说，你真的能够做到。同时，就像一名资深律师说的那样："你必须心甘情愿地投身于此，做好事情进展不顺利的准备，如果真的不顺利，请一笑而过。如果你真的对客户的业务非常感兴趣，那么即使你开始时有点儿笨拙，客户也会尊重你努力学习的意愿。"

你是否依然觉得自己没有勇气这么做？如果这样，你可以考虑向专业教练或认证心理咨询师求助，解决潜在的问题。你或许觉得我在开玩笑，但我并没有。你一定会惊讶于这种做法在你的客户管理人员中是多么普遍，而且你的竞争对手很可能也会这么做。

了解你所在公司的产品

你的公司变化得有多快？变化节奏越快，你对公司的认识就越有可能滞后。此外，如果有合作伙伴对此感兴趣的话，这自然会对你有所帮助，尽管如此，这其实是你自己就可以解决的问题。

利用每一个你可以利用的机会（从公司会议到公司里的闲谈），去询问同伴正在从事的工作。此外，真实性非常重要，而且你要真的感兴趣做这件事，而不仅仅是为了获取信息。你需要认识到，有些人（或许也包括你）可能不愿意参与被他们认为是自我推销的工作，因为他们自身具备的信息需要被提取出来。参加我的研究小组的一名执行教练指出：在美国，一些女性和少数族裔可能会因为担心被别人认为"好胜心强"而对此保持谨慎态度，因此除非被直接问到，他们一般会对自己的实力轻描淡写。[10] 你可以向他们保证，你真的对他们的工作感兴趣，而且他们的分享对你们以及你们共同的潜在客户都有益，这样你就可以挖掘出一些潜在的宝石般的讯息。

告诉同事你所关注的行业的热点问题，并且询问他们是否在自己关注的行业中看到过类似问题。客户或许真的会看重被你认为不太相关的问题。例如，一家大型金融机构的首席法律顾问最近与我分享了他对外部律师最大的期望："监管负担让我昼夜难眠。我知道这些律师事务所同时也服务着大型制药公司、航空公司，以及其他一些被大规模监管的行业。但是这些律师事务所从来没有提出它们会派一些来自这些部门的同事，让他们与我谈谈在这样的环境下工作是怎样开展的。如果它们这么做，我会给它们时间。"

你上一次仔细浏览自己的公司网站是什么时候？网站上可能充满了你的同事对有关最新业务的见解，新近赢得的客户，部门专业知识，以及思想领导力。另一个绝好但未被充分利用的资源是你的专业培训人员，问问他们现在对新人都开发了哪些培训材料。他们或许制作了简单的视频，将核心业务小组的重点业务浓缩为入职材料的一部分，而更资深的合伙人可以将这种视频资料作为绝好的进修内容。试着将这些内容下载到你的手机上，每当你坐上飞机准备起飞的时候，你可以打开这些视频看一看。如果这些材料不错，而你也是一名专心的学生，那么你很快就能赶上公司变化的节奏。

创造更有效的协作过程

一些潜在的协作者认为，在规模更大更广的团队里，所有的事情都会变得更加困难，而这些困难远远大于好处。他们可能会因为这样的认知而迟迟不愿参与协作。这时你可以采取怎样的对策呢？

首先，为团队配置恰当的资源。请仔细思考"恰当"的含义，这或许会涉及通常被考虑到的人选之外的其他人。努力为团队配备真正的专家，而不是默认那些对团队熟悉但无法胜任的人员，这么做最终会得到回报。在理想的情况下，还要考虑纯粹内容性的、专业知识之外的人选：跨专业项目的完美贡献者是那些具备了充足文化知识的人，他们能够在有挑战性的，有时还带有迷惑性的团队中工作。如果可能，请花时间寻找，因为不慌不忙地找到恰当的人选通常要比急急忙忙找来错误的人要好得多。

其次,有效地启动项目。专业人士通常无法组织恰当的项目规划讨论会来进行目标定位,部分是因为他们更看重专业自主权,并且对于侵犯他人的自主权格外谨慎。在我的经验中,在这方面做得(稍微)过一些再被告知要收敛,要强过因为不这么做而让项目陷入困境。

再次,在启动项目的同时,为团队设立明确的目标,接着对此进行频繁而细致的沟通。这样团队成员就能理解它,认同它,并且保持持续的认同感。让团队成员了解相关领域的专家,这样团队成员就能带着问题和建议很快地找到对应的专家。

人们很容易相信过去共事过的专业人士已经对彼此的相关专业和能力有所了解。然而我的研究表明,即便熟悉的团队也经常对别人的知识做出错误的判断。团队人员对他人知识的认知差异(我称之为"专业知识的分歧"),往往会造成冲突和低效的业绩,但是在高效开展团队启动工作,明确陈述且频繁引用团队目标的情况下,这些问题都可以被克服。当合伙人了解了自己和他人在整个项目中的定位,他们便可以相互监督,从而保证及时且高质量的成果。在计划和沟通方面的少量投入可以使团队产出提高30%。[11]

最后,让贡献者快速跟进项目的最新情况。在你花费了大量时间弄清客户需求之后,确保团队成员都了解了这些需求。此外,请确保他们已经明确了解收费标准等业务内容。这些都不是光鲜的工作,但它们是光鲜一刻的重要支持。

巧妙处理协作政策

最后,也是最重要的,你必须集中精力,有效领导你的能力卓著的同事。

在最初你就团队的专家角色进行协商时，协作政策就已经变得非常棘手；一旦你们开始共同工作，它们会变得更加复杂。领导那些不习惯服从别人的同事可能是一个艰难的、耗时的，有时甚至不讨好的过程。我之前描述过一些专业人士的心态，他们习惯于指使顺从的下级职员（这些人大多不会反驳）。当真正带领一个团队（其中的成员都是其所在领域的专家，有着自己的权势和威望）的时候，这样的独行侠专家可能会退缩。

即使正式负责客户的合伙人名义上主导着该项工作，协作者依然需要就如何分配责任和解决冲突达成一致意见。协调工作是棘手的，和那些"仅仅"对项目做了贡献的人相比，项目协调比专业人士负责的项目销售具有更高的优先级。专业人士通常羞于与自己的合作伙伴进行艰难的对话，这一部分是因为——就像我们之前说的那样——他们个人十分在意自己的专业自主权，并且非常担心自己侵犯他人的自主权。奇怪的是，这种挑剔的态度很少会延伸到客户那里。"我乐意在自己认为客户做得不对或不合理的时候与他们面对面交锋，"一名合伙人这么告诉我，"但是在面对同事的时候我很难这么做。"

这里有一个问题：这种对矛盾和过度管理的担心很可能会阻碍你们的有效协作。然而最终你们必须提供优质的服务。一名有些困惑的协作者如此说道："你必须进行坦诚的对话。如果一位客户告诉我他不喜欢某个合伙人——我说的是来自客户的原始反馈——那么对于那些不能起作用的人来说，还有什么意义再给他们委派工作或与之合作呢？但现实的情况是这样的：因为不想冒犯一名合伙人，我们让他留在了团队，或是为了让他放松思想，我们不会告诉他原始的反馈意见。"

协作性的领导者必须做出表率，时刻准备提供及时和直接的反馈，并且能够立即做出干预，消除团队冲突。他们必须是强硬且有决断力的，同时他们必须定期向团队成员反馈自己的意见，以寻求解决方案，并且对可以全面调用的来自成员的有关情况和学习知识的新方式保持开放的态度。

这么做麻烦吗？是的。简单吗？并不。重要吗？当然。

来自公司的观点

在本章开头，我曾指出，面对独行侠专家时，如果你是一名专业服务机构的高层领导者，那么你将担负一个特殊职责，那就是从公司的利益角度出发鼓励这些独行侠专家进行协作，即便这样做会有惹恼他们并破坏他们已经实践成功的工作模式的风险。你还有一项长期职责，那就是扩大和深化与独行侠专家当前服务的客户的关系。

做到这一点的方法之一在于开发和实践一系列稳定的客户继承（client succession）和覆盖计划，越过目前控制着客户关系的独行侠专家，并进一步拓展这种关系。

让我们思考得更深入一些。大多数专业服务公司都为它们的"创业"文化而自豪。这种精神体现在对专业人士开创自己业务的鼓励——他们既可以通过发展关系来赢得新业务，也可以将新生的客户关系发展成巨型事业。可以肯定的是，这种自主权对于那些希望在客户关系集中管理方面日渐发挥更加积极作用的公司实为一种困难。因此，它们倾向于让最初带来这个客户关系的合伙人一直负责这个客户，只要他愿意。

但是有这样一个新的问题。这种创业型的、放任自流的传统来自这样一个时期——无论是遵循合伙协议或只是符合主流社会规范，大多数合伙人在 50 多岁就退休了。那时候的公司规模很小，以至学徒制依然占据着主导地位：那些神通广大的师傅用培养门徒的方式让徒弟继承自己的客户，使得这种事情成为业内默认的、自然而然的现象。

最近的一些趋势让这种放任自流的方式经受了越来越大的压力。首先，很多公司已经废除了基于年龄的强制退休制度。[12] 其次，2008年开始的金融危机迫使很多专业服务人士（如大经济体里的许多人）大规模动用了自己的存款，这意味着他们要被迫比原计划工作更长时间。结果许多公司发现它们的合伙人依然和客户保持着联系，直到合伙人以温和的模式而非持续痛苦的结局收场。

老龄化意味着什么呢？在许多情况下，公司与客户之间出现了鸿沟。当然，这种现象的涉及面比独行侠专家群体更为广泛。实际上，很多专业机构的高层领导都年长于自己的客户。许多《财富》100 强和纳斯达克（NASDAQ）上市公司的领导职位，如首席执行官和法律顾问，都已经转移给了年轻的婴儿潮一代或X世代[①]。例如，20% 的《财富》100 强公司以及 30% 的纳斯达克上市公司的法律顾问都来自 X 世代，而美国顶尖律师事务所中来自这一世代的领导人不超过 5%。[13] 这种越来越大的年龄差距让很多公司与客户的联系变得越来越困难。年长咨询师的客户关系变得越来越脆弱，这是因为年轻的管理者发现这些客户能够更好地与同辈的专业人士进行沟通，因而他们更愿意把业务交给年轻咨询师来完成。

---

① X 世代：出生于 20 世纪 60 年代早期至 20 世纪 80 年代早期的一代。——译者注

但是那些年老的独行侠专家紧紧地控制着他们的客户关系，带来了管理上的特殊挑战。首先，他们给整个系统造成了组织上的障碍：在他们之下的有抱负的 X 世代不会苦苦等待自己的机会，他们更有可能直接跳槽到竞争对手的公司去。他们在离开时会带走自己的知识，包括可以帮助更大的公司获取这些独行侠专家客户关系的最重要的情报。

当然，还有一些强硬的解决方案，例如强制退休年龄政策。尽管这些年这种方案已经渐渐被摒弃——现在人们可以更长久地保持健康，因而这些方案便越来越显得过时和无法被接受——一些公司依然要求合伙人在他们 50 多岁时就退休。然而一个问题的解决方案往往会引起新的问题。强迫年长的合伙人出局会让所有相关人员都感到痛苦。在通常情况下，即将离职的合伙人通常只会从公司那里获得极少的支持，这给他们带来的变化是突然的。有些合伙人比较幸运，他们被任命为顾问，但是大多数人都必须独自开拓自己的新生活。

在合伙人所承受的心理压力之外，他们所在的公司也因这些离职人员而承受压力。当一名资深合伙人尤其是独行侠专家离职的时候，领导者越来越多地意识到这是一种经验和知识上的巨大损失。一位国际性咨询公司的领导者在合伙人退休时找不到系统性的方式来移交他们的客户工作。这位领导回顾了这样一个案例：

我们苏黎世分部的一名合伙人与我们的瑞士客户有一些十分重要的关系。他坚持要在 60 岁退休，但是人人都不愿意接手客户移交的事情，或许他们不相信他会放弃这样一个有利可图的业务。实际上，他说退休就退休了，这着实让我们措手不及地接手了他的工作。结果我们在苏黎世失去了大量那样的客户。

那么应该做些什么呢？应对方式之一是仔细地考量潜在退休人员的移交方案，重点关注他们移交来的内容和他们移交的对象。

让我们看一看利用更宽泛的转型项目成功地应对移交挑战的两个公司的例子。第一家是国际性的伟凯律师事务所（White & Case），它开设了一个创新项目来主动解决合伙人工作移交的问题。[14] 从合伙人达到退休年龄的前十年起，该公司会与每一名合伙人进行一系列正式谈话，讨论他们接下来的职业期望。这种对话不仅能促进必要的自我反省，也能让个人为实现自己的目标而开始行动。

例如，很多有经验的律师幻想自己能够在董事会担任非执行董事，但很少有人知道实现这一步需要多少规划。资深的领导可以告诉他们并给予指导。此外，对合伙人目标的了解有助于伟凯律师事务所做出规划，以便平缓、有效且积极地移交工作。

伟凯律师事务所的一项创造性举措在于它创建了一个客户委员会，这是一个由资深合伙人组成首席客户合伙人的顾问委员会。由首席客户合伙人制订详细的客户计划，并且向委员会反馈计划的执行情况。

伟凯律师事务所董事长休·维里尔（Hugh Verrier）表示："客户委员会不仅授权首席客户合伙人建立和扩大服务客户的团队，它同时还是一种监管和支持机构。委员会成员提供了经验、思路和建议。此外，为了让这种模式真正发挥作用，委员会还为首席客户合伙人提供了补贴。"

如果委员会注意到重要客户的项目面临移交工作，它便会介入，引导移交过程。它实际上有权力变更首席客户合伙人，尽管这种方式很少被使用。反之，委员会与首席客户合伙人合作，鼓励他们采取积极且平缓的承接方式。尽管该项目目前还处于探索阶段，但它已经成功地结合了指导和问责制度。

我们的第二个研究案例来自另一家律师事务所，我将其称之为琼斯琼斯（Jones & Jones），它在员工职业生涯更早的时候就开展了类似的移交项目。[15] 该项目在员工成为合伙人的五年后启动，琼斯琼斯为他们提供教练指导的机会，帮助每一位律师更全面地思考自己的职业生涯。此后每过五年，每位合伙人都会与教练进行一次"刷新会议"（refresh meeting），直到他们共同认为合伙人将在未来十年内退休。此后，刷新会议便会开展得更加频繁。

该公司的一名领导解释了在每个合伙人职业生涯早期开展该项目是如何消除任何与之有关的坏名声的。首先这是合伙人机制普通而健康的一部分，而非为了赶走绩效较差的老律师而设计的一种手段。该领导还指出，尽管合伙人与教练的对话是机密，但是公司依然能够从那些对自己的职业发展有更多反思和认知的律师那里大获裨益。

通常律师自己会与领导讨论他们的向往，例如成为公司的领导，暂时减少工作时间，或是在本地非营利组织担任重要角色。

"该项目是为移交项目设计的，"琼斯琼斯的管理合伙人评价道，"但是通过它产生的自我意识和透明度使得公司在合伙人的职业历程中获益良多。"你可以看到一个精心设计的移交计划是怎样应对来自独行侠专家的挑战的。

你同样应该在移交计划中为客户提供大量信息。一位客户如此评价道："没有什么比某个家伙突然出现并且说'嘿，我是你的新任重点客户经理'更恼人的了，这就好像我必须自动对他表示热情并且相信他可以处理我最重要的问题。通常新任首席客户合伙人都在团队里工作过，但是作为他们的客户，我应该对最适合我的人选有发言权。不止一家公司用这种方式丢掉了我的生意。"

除了这些移交计划，公司可以利用一套阶梯系统来应对独行侠专家的挑战，即将不同层级的专业人士与年龄和资历大致相仿的客户相匹配。[16] 阶梯系统有多种好处。首先，它建立了一个有机的客户承接结构：当顶端的合伙人最终离开，你便有了大量经过实践检验的可以替代这个角色的人选。你的机构看上去十分灵活，而你的客户也乐意与你保持合作关系。其次，一个功能完善的阶梯系统是重要商业情报的来源。客户公司的领头人物或许无法选择与你所在公司的领导讨论敏感问题，但是这种交流很可能发生在双方的下级层面。

难道不应该是客户的首席客户合伙人与客户最合拍，并因此最有可能得到直接的讯息吗？不。或许这会让你感到惊讶。我对国际性专业公司的 75 个客户服务团队所做的调查揭示了这一惊人的事实。我们向每个团队成员、客户团队负责人，以及主要客户（例如会计小组审计委员会负责人或咨询小组的部门主管）提出了一组相同的问题。这些问题与客户对团队工作的评价有关，例如他们是否满意这些工作，他们是否会将该公司推荐给其他人，等等。

毫不意外的是，首席客户合伙人对客户的信赖有极大的自信，他们会这么说："我经常和客户联系，我很确信他们会直接向我提出任何问题。"然而当我访问这些客户时，他们却表示有时候他们会觉得很难直接向合作伙伴提出严厉而直接的反馈。相反，他们常常直接向现场团队表达自己的疑虑，而事实证明，这种方式也更迅速。

这项研究最终揭示了一个意料之外的事实：与首席客户合伙人经常对团队表现做出的夸大评价不同，团队成员对于自身表现的评价与客户的反馈更加接近。首席客户合伙人可以从中学到什么呢？

即便你成功地推行了阶梯系统，让你的团队成员与对应的客户保持紧密的联系，你依然需要确保内部沟通的顺畅，这样初级员工的意见才能快速地到达需要它的合伙人那里。

短痛与长期收益

正如我们所见，独行侠专家和他们的公司都可以从不断的协作中得到巨大的好处。

不过，这并不简单。对于新接触协作方式的合伙人来说，他们通常会经历一阵短痛才能获得长期收益。该如何处理这种短痛呢？可以在业务和不同部门之间发展一些可靠的协作者，这样合伙人就不必为了了解团队成员的专业以及响应程度而进行耗时的背景调查了。

当合伙人学会了其他业务的专业术语、技术方法和假设前提等这些让他们工作变得更高效的内容时，协作成本便会下降。不同于两位合伙人的首次合作——他们需要先弄清如何分享无形成果（如确认一个伟大的产出，或是就客户竞标进行通话）再进行连接——那些了解他们同事的行为（包括他们荣誉分享的模式）的专业人士共同工作时的紧张感和启动成本都会减少。

此外，随着时间的推移，团队声誉将不断得到提升和焕发光彩。当这种巨大效应显现时，这些优势便开始累积并且增长得更加迅速。在理想的情况下，你会听到客户这样的说法：我们不会去找这个团队之外的其他人来解决我们最棘手的问题。

同时，作为公司的高层领导，你也有自己的任务。你如何鼓励独行侠专家保持高效的自我，并且还能为公司和个人未来取得的更大成功打下基础？最有力的方法就是支持协作。

　　在第四章中，我们将探索被我称为资深协作者的特殊情况。行动胜于言辞：资深协作者对协作很有兴趣，他们懂得它的价值，并因此希望做得更好。然而尽管协作是一种巧妙的方式，它并不简单。第四章为这类重要的协作者提供了建议。

第四章

资深协作者

第四章说的是被我称为资深协作者的专业人士，他们是一群有价值的合作伙伴，他们常被别人带着敬意地称为招财者。我想避开这样的称谓，主要是因为它被使用得太多，但是我当然不会弱化招财的价值。如果你是一位专业服务公司的高级领导，你会懂得这些人是谁，并且很珍惜他们。

很显然，我们不必说服资深协作者参与协作。他们明白，将工作推荐给同事，同时培养一个能够提供非凡客户服务的忠诚团队，是一种打造强大业务组合的可靠方法。现在他们想把合作层次提高一到两个等级，这样便会涉及组织中更高层的人员，包括领导层甚或董事会。或许这也意味着要与客户进行更多战略性的互动，通过协作主动推进，而不只是在客户带来机会时再组建团队。这些都是宏大的目标，实现起来并不简单。

客户的业务规模越大，与其合作的压力也就越大，即使对资深协作者而言也是如此。这一点不足为奇。客户越复杂，那么能够解决复杂问题的、具备专业技术知识的顾问分布在公司各部门，甚或分布在全球各地的可能性就越大。但是，为了贴切地满足大规模解决方案的需求，这些领域的专家必须与本地市场上拥有深厚背景知识的同事紧密合作。大型分布式的国际化组合是非常不易处理的。另外，那些本地专家会优先对待自己的客户，这常常与资深协作者的业务发生冲突。除此之外，时代也变了。由于大多数专业领域的快速整合以及公司间专业人员的流动日益频繁，曾经在公司内部占主导地位的合作文化已经不再强势，甚至可能全部消失了。

如果协作是如此棘手、令人紧张，又会引起冲突，并且不适合当下的公司文化——看上去令人生畏，那么为什么资深协作者还想推动它提升一个等级呢？我们已经有了一个答案：没有什么方法是屡试不爽的。从更积极的角度来看，具有相当丰富经验的协作者从协作中得到了一些无形的好处，对此我将在下面展开讨论。

赞美无形的好处

我在本章所说的资深协作者已经很好地度过了弄不清协作最终是否有回报这样一种令人神经崩溃的阶段。既然协作带来的好处已经超过了启动成本，资深协作者便能收回自己的投资，因此他们就可以专注于一些来自协作的无形回报。是的，金钱还是很重要的，它不仅代表着一种购买力，也是地位的标志。但是大多数资深协作者在生活的各个方面都遵循着成功人士的一般模式：当他们变得越老越富有，他们就越有可能去追寻生活的意义。而协作对此也有所帮助。

的确，金钱还是最重要的，而帮助他们取得成功的竞争激情依然在他们心中流动（这是好事，因为在今天大多数专业领域里，即使最成功的招财者也无法承担自满的后果）。但我还是要指出四个无形的好处，这些好处被分别获得并结合在一起后，可以进一步激励高层次的协作者。

第一，是复杂工作的智力挑战。大多数专业人士渴望智力上的刺激，这也是他们花费数年时间为专业服务职业生涯做准备的部分原因。不同专业间的协作以非常有力的形式给他们带来了挑战。这让他们通过自己的客户沿着食物链向上攀爬，为那些带着越来越复杂和有趣问题的人提供建议。如一位合伙人所言："如果我只在自己的专业范围内工作，那么我可以肯定的是，我只能与有限范围内的客户打交道，我的职责也更有限。一旦我进行更加复杂的工作，我就会上升到领导层，而这也是事情变得有意思的时候。"

第二，是权力。当一位陷入危机的首席执行官打电话向你寻求建议时，你就会有一种飘飘然的感觉。不论是为国际商业精英提供咨询，还是作为实验室首席研究员赢得了一笔巨额资助，或是在一个全球性的客户团队指导数百名专业人士，所有这些都是增强权力和威望的源泉，而在大多数情况下，它们都是协作的结果。

第三，是"保持年轻"。招财能力让你变得与众不同，这既是好事，也是坏事。公司非常感激你对财务和公司声誉的贡献，它们有理由因此而赞美你。你的成功让你显得出众。同时，你的位置越高，你就越没有可能接触新的（有时是艰难的）挑战。变得出众可能也意味着被疏离。

20世纪90年代，当通用电气公司的首席执行官杰克·韦尔奇已经是一名著名的商界政客的时候，他做出了一个惊人之举：他在公司里找到了一名 25 岁的电脑奇才，请他担任自己的技术导师（他还坚持让他的高层管理同事也这么做）。[1] 当人们随后质疑这位相对资深的高管是否有充分理由支持通用电气公司的全面数字化工作时，而韦尔奇的确有理由，因为他已经有了答案：一位年轻的同事已经向他传授了秘诀。当然，年轻人只是人们在协作性团队里接触到的扩展维度之一，我在这里用来体现团队的多样性。

在第二章中我还指出，一般来说，能够与客户保持同步的都是团队里的那些"工蜂"。资深协作者可以在自己的关系网里引进聪慧的晚辈——那些能够更好地注意到细微的客户问题的年轻同事，从而"保持年轻"。

第四，或许这个无形的好处可以用传承来收尾。一位大型法律事务所的领导告诉我："有些律师比其他人更适合做合伙人。当一些企业家打算为自己的孩子留下一份厚实的基业时，这些合伙人便能够将牢固的客户关系延续到客户的下一代。"

社科研究已经证明，对于大多数成功人士而言，设置一种传承，也就是通过帮助他人取得成功来体现你的成就和价值，是你获得长久快乐的主要源泉。[2] 通过助力多位合伙人共同打造客户关系管理制度，资深协作者也创造了自己的传承。

综上所述，来自协作的有形和无形的好处数之不尽，但它们都有代价，同时它们也有需要克服的障碍。我已经指出了与团队相关的三种障碍：

- 建设健康的团队的障碍；
- 为该团队配备必要的领导体系的障碍；

- 多元文化的分布式团队的管理障碍。

让我们依次分析这三种障碍。

建设可靠、负责的团队

作为一名资深协作者，你知道如果没有那些愿意在你那优先级较高的客户需要的时候放下"自己"客户的同事，那么你就无法发挥任何作用。换句话说，你需要一支能够投入项目并且对结果负责的团队。一位协作者这样告诉我："当你需要一位在某个领域拥有专业经验的伙伴来处理一个特定问题时，假如你们是朋友，那么他会为你做任何事。但这不会经常发生。当没有人认同你的事情，并且你也没有那样的关系时，你可能就无法完成这个"拼图"的最后缺口。让团队成员为了对你很重要但对他们不那么重要的客户投入自己的时间是很困难的。"

当然，在理想的情况下，你的团队的合伙人应该在他们所在的办公室、区域和业务团队里充当客户的最佳向导。他们必须有意愿且有能力处理人员配置、收费、质量保障等客户运营问题，以及更具战略性的问题，例如本地业务冲突等。

我想，这时候我觉察到了有人翻白眼的动静。是的，打造这样一支团队是困难的，同时也是非常重要的。一个大型专业公司对它的客户管理流程进行了战略回顾，得出了这样的结论："首席客户合伙人最大的挑战在于鼓励更广泛的团队合作伙伴在他们个人业务'谷仓'之外承担起客户关系管理和发展的责任。"

当谈到合作伙伴时，一位快速成长型公司的合伙人这样和我坦白道："人们不再认为自己对彼此负有同样的责任，更不愿意打断自己的安排来帮助其他合伙人的客户。我感到自己有必要就此进行协商或提供激励，但前提是人们愿意为彼此这么做。"

那么试图进行更多、更有效的协作工作的资深协作者应该做些什么呢？

第一步是理解那些你希望纳入团队的专家所遇到的特定困难。在锁定你所需要的专家之后，请弄清是什么让他们退缩，以及什么能够激发他们个人的积极性。在寻找调动每一名合伙人参与的方式上发挥你的创意。

困难 1：合伙人的超负荷工作

在一些情况下，潜在的合伙人可能会拒绝参与你的项目，因为他已经被其他重要的工作淹没了。如果这样，请考虑替代方案。你是否真的需要这名专家，是否可以请另一位等级稍低的合伙人作为合理的替代者呢？

如果你一定需要这名专家，那么你可能不得不借助多种关系的力量，通过奉承、描绘可能的好处、包括收入乃至更重要的名誉提升来达到目的。当你谈到预期项目时，请重视这个人的参与能够带来的战略优势，因为人们知道你很了解他们并且重视他们，他们都会很高兴。

请记住，即便你邀请到了你的专家，你可能只会得到他们有限的关注。当他们已经在一年内投入了数千小时的计费时间后，他们很有可能无法对新客户做出充分的投入。最有可能的是，他们会参与竞标，但并不会继续进行关键的跟进工作。

因此你需要为这个人提供一个能力很强的助理或其他专业人士，

他们可以在这位专家被召唤来救急之后让项目继续下去。此外，你或许还要冒着一些可预估的风险引进一些并非最佳选择的团队成员——因为他们的能力相对来说未被证实。尽管你或许需要投入一些精力才能让这些合伙人完全跟上进度，但这通常都是值得的投资，因为有抱负的初级合伙人更有可能为你更大的客户项目投入时间和精力。请找一找那些尚未成名的有抱负的人——这些人需要在自己的工作档案里添加这样的工作经历。

随着时间的推移，你可以开发一个提供称职贡献者的渠道，这样你就不会非常依赖那些可能成为瓶颈的繁忙的合伙人了。这会让你走上实现传统优势的道路。

一位大型国际律师事务所的合伙人在她孤立无援的时候取得了相当大的成功。她一直在努力创建一支忠诚的团队，为她的客户的法律顾问提供他们希望购买的不断扩大的服务。正如她告诉我的那样："尽管该客户曾被视为全球范围内优先考虑的客户，但是公司高层人员并不愿意与他们签署合同。即便询问了业务负责人和办公室管理合伙人，我也无法找到愿意投入自己的宝贵时间来开发我那非常苛刻的客户的新业务的人选。因此最后我动用了自己的关系网，找到了一位新近升职并且非常愿意参与的合伙人。"

仅仅一年以后，这名初级合伙人已经在这个客户关系上取得了巨大的进展，赢得了客户的信任，并且进一步扩展了可以提供的业务规模。

让没有太多经验的同事加入团队，起初或许会让人感到有风险，正如前文提到的那样，这可能需要一些投入，才能确保他们可以完全了解业务并且已经做好了贡献的准备。和"经验老手"相比，你需要对他们进行更频繁的考察。但是通过这些领导行为，你将发展出一支被他人认为值得信赖的、由具有天赋的年轻专业人士组成的骨干团队，这将不断地为新同事带来新机遇，并且持续强化他们对你的积极态度。

请记住，这种超前的思路远远不止利他主义那么简单。就像杰克·韦尔奇一定会认同的那样，你从更低一级的同事那里学到大量知识的可能性非常高。在他们开始从不同层次的客户交流中带回独特观点时，这种情况便显得尤为突出。而那些在你和你的公司看来不太寻常的人群则可能更加适合你们的客户。"谷歌有许多关于年龄的不同意见，"一名常常与这家互联网巨头打交道的专业人士告诉我，"它无法让一名 60 岁的白人男性加入团队。它更想要的是一位 35 岁的有抱负的女性。"

在很多情况下，特别是在客户看来，这些意见不仅仅是意见，它们可能是绊倒你的真正的障碍。

困难 2：低费率的重要客户

这里有一个不受欢迎的事实：不同国家之间劳动费用的差异，加之重要客户提出的苛刻条件和标准，可能会构成新成员加入客户团队的障碍。一位合伙人这样告诉我："内部问题之一是，当合伙人意识到自己要按折扣价来工作时，他们会将客户卖给其他分部的另一些合伙人。如果合伙人手上还有本地的并未要求打折的客户，那么他们便不会优先考虑那位要求打折的重要客户。"

除了重新调整你公司的费用结构（这是第六章要讨论的重点话题），这里还有一些合伙人可以采取的其他措施。

- **在计费上做到公正和大度。** 如果你公司的合伙人在针对费用和费率与你进行谈判，那么尽力确保公平地对待你邀请进团队的同事。即便和他们的客户相比，你的客户对公司的重要性更高，但也不要期望他们放下一切来处理对你很重要的问题，或是在没有公平补贴的情况下工作。

- **在调动每一位合伙人时发挥创造力。** 这种方法由上一条派生而来。激励他人通常是多种方法的组合：强调短期和长期客户服务带来的提高收入和声誉的机遇；说服合伙人的直属领导，如他的业务团队负责人或区域经理，让领导明白要求他将精力集中于重要客户的业务，这样他们就可以在发放奖金的时候代表公司认可他的贡献；为了使合伙人获得更稳定的收入来源，会给他们先行提供高回报的服务项目，或者为了弥补他们为此付出的初始代价，还可以为他们提供一些额外的奖励或采取其他机制。

困难 3：烦琐的质量控制

当你成功地引进了愿意贡献的团队成员之后，你需要确保他们能够提供最高水准的服务。一位会计师事务所的合伙人对此是这么说的：

每个人都渴望做一份好工作并且出色地完成任务。我如何才能确保他们这么做呢？出于成本的考虑，客户不希望我参与进来，但是我必须监督质量。

现在，我试着更多地以不收费的形式参与其中，但这有点让我筋疲力尽，我还有其他必须完成的收费工作要做。而公司对你的评价是以你带来的收入和募集到的资金为依据的。它们会说："你给其他人带去了工作，这么做非常好。"然而事实是，领导考查的是我的每日损益。

那么你怎样做才能在不需要义务劳动的情况下保证业务质量呢？最重要的策略是事先明确目标。这听上去好像是管理学初级课程，但在当前情况下这明显不是一回事。这种沟通的过程不仅应该包括对具体项目目标的讨论，同时也应该包括对客户文化、价值观以及服务期望的全面概述。在一个成熟的专业机构，客户负责人或许能够依靠他们的业务支持专家建立客户档案，让新接触客户的人员了解客户的业务运营情况和战略目标、客户公司近期处理的重大项目，以及当前的重要业务关系和它们之间的关联。如果你没有这样奢侈的支持，或者即便你有，请将这种简报任务交给团队里的资深员工完成。这种职责会迫使他们更深入地了解客户，让他们提升自己在团队的其他合伙人眼中的形象。

对于那些不常参与团队贡献的周边成员来说，保持较高的服务质量尤为困难。不幸的是，参与的频率不仅取决于合伙人的可用性，同时也是由客户的工作流程所决定的。通常这样的工作流程都是不稳定的。一位合伙人向我回顾了他的一次颇有挑战性的经历：

我们有来自49个分部的500名律师在为我的客户服务。有些人偶尔会参与20分钟的工作，或是不时地做一做价值仅有1 000美元的项目。当然，这些律师并不了解整体情况或内幕。作为客户负责人，我无法监控每一个独立的项目。经常会发生一些问题，我们也试图通过监管找到这些问题的根源。但是真正的问题在于，这些律师在每个项目上都没有留下足够多的工作足迹，以致我们无法让每个人都能掌握最新的情况。

当然，开发有能力的、值得信赖的合伙人的最好方式是在他们成为期望的合伙人之前就培养他们。我知道这对现在就想解决问题的资深协作者来说不是有用的建议（他们当下正面临着人员配置上的挑战），但是我在这里还是建议针对各层次专业人士提供正式的培养项目。你所在公司的特定的架构或许能够也可能无法保证你成为这种项目的支持者，但如果可能，那么请一定要这么做。你将为这些项目提供养分，同时这也会提升自己在帮助他人创造机会上的声誉。

困难 4：合伙人希望保留对本地客户的控制权

"控制"涉及以下方面：对联系人或相关参与者群体施加影响力，保持自主，保证信息的安全性，等等。

保持自主是我们要特别留意的。当然，这是由自尊心决定的。一位合伙人表示："我不习惯担任二把手，我也不想担任二把手。"很多公司通过宣扬它们的创业文化来吸引专业人士，随后在合伙人想要自己做主时却表现得十分惊讶，因为对公司而言，这么做意味着合伙人将成为主要决策者和客户的主要联系人。

然而对自主性的重视也会起到其他作用。一位潜在的合作者可能不愿意放弃他用于本地客户的时间，因为他担心失去对自己工作进程的控制，并且会因此而依赖他人的重点客户业务来"填满自己的盘子。"

在公司不同合伙人服务的客户之间发生利益冲突时，这种情况尤为棘手，而作为客户负责人，你需要一位同事放弃自己的本地业务，服务你所负责的重要客户。一家国际性律师事务所的客户负责人最近便遇到了这样一个典型的问题（为了保护这位客户的真实身份，这里的细节是虚构的）：

不久前我们事务所核心客户之一的波音公司要求我们在巴西完成一项法律诉讼案件。但是我们圣保罗公司的合伙人正忙于巴西航空工业公司（Embraer）的业务，该公司是波音公司的竞争对手，也并非我们事务所指定的战略性客户，它每年给我们带来了100万美元的收入；而从历史的角度来看，波音公司在当地并不是我们的重要客户，但它在全球范围内给我们带来了数千万美元的收入。

我们最佳的人才已经服务于巴西航空工业公司。我不希望因为当地公司优先对待一些本地客户而派出二等诉讼律师。我本不需要让我们的董事会主席牵涉进来，但我的做法也与之十分接近了。这让我明白，在我们合伙人的心目中，很多本地公司并不是国际公司的一部分。

在大多数专业公司里，有关冲突的决策是由一个委员会来处理的，然而即便决策支持了你所负责的客户，你还是要说服一位脾气暴躁的、积极性不高的合伙人为团队做出最好的贡献。那么正确的应对方式是什么呢？你必须帮助这些合伙人开发一个路径图，告诉他们如何在该客户以及更多客户的团队中发展自己的业务关系。给他们构建一个美好的愿景，让他们了解自己可以如何融入客户团队，向他们保证你将为他们提供接触重要领导的机会，让他们建立自己的业务关系和声誉。

此外，我们还要处理这样一个现实的问题，即放弃客户意味着失去的不仅是收入。为何？许多专业人士与客户的关系有着深厚的根基，已经达到了友谊的程度。这本身并不是件坏事，但是这会让人产生某种程度的误解。大多数人支持一种方式同时又抵触另一种方式的原因十分复杂，他们自己恐怕都无法理解这么做的动机何在，而友谊将这一切都极大地复杂化了。我曾与一位国际咨询事务所的资深合伙人杰勒德（Gerard）通电话，讨论为何他的同事理查德（Richard）拒绝了担任杰勒德客户项目负责人的机会。我问道："你认为这是出于经济上还是政策上的动机呢？"

杰勒德回答道：

这部分是出于经济原因，因为如果他已经稳妥地得到了一位客户，而且这种业务关系每年可以给他带来超过 100 万美元的收入，那么这就是一笔安全的赌注。我曾经向理查德推荐过更高级的客户，但是他必须提供最好的服务，否则客户不会让你来做他们的工作。因此这里是有一定风险和不确定性的，而维持现状总是比满怀希望地去做要简单得多。

但这也可能是心理上的问题：为什么我要在能够为我"自己的"客户服务时接手"其他人的"客户呢？理查德与对方的一位首席运营官关系密切。当理查德成为一名初出茅庐的咨询师时，那位首席运营官则在管理一个小型业务部门，他们几乎是一同成长起来的。这是一种情怀，尽管没有人愿意承认这一点。

即便最资深的客户团队负责人也认为很难对付这样的抵触情绪，除非他们得到了来自公司领导的大力支持。这种支持必须足够有力，才能形成文化上的明确指令，这样其他的合伙人才会明白，放弃本地客户去服务更知名、收入更高的客户才是公司的明确期望。

但这并不足够。尽管你得到了那样的支持，你依然需要吸引最优秀的人才加入你的团队，成为愿意为你做出贡献的成员。如果他

们只是为了响应自上而下的命令而加入，那么你不太可能看到你想
要为客户提供的那种全心全意的服务。这里有一些可以帮助你吸引
一支积极团队的方法：

- **请当前团队成员为你打包票。**他们可以让其他人认识到你是一
  名高效的领导者，你毫不吝啬褒奖，也不会过多追究细节。[3]
- **带着敬意去管理。**不要重复改变目标，从而浪费他人的时间，
  不要设定虚假的最后期限来搞"消防演习。"大多数合伙人都
  更精于此道，但是他们没能意识到自己滥用同事时间的名声会
  让知道这个情况的人感到厌恶。
- **利用各种情况认识各种人。**社交契机会出现在许多场合，如合
  伙人会议或公司活动。你必须让别人将你视为一个会提供回
  报、会对他人的客户负责的人，以及公司形象的优秀代表。如
  果你曾与人共餐、共同分享欢乐或是在运动场上一同拼搏，那
  么你就更容易让他人建立对你的信赖。
- **公开地交流（即便是坏消息）。**向团队成员提出问题，主动征
  求建议，在你认为需要的时候委婉地提出这样的建议。大多数
  人不喜欢向同事提出负面反馈，你可能也不例外。但是你不应
  让参与你的客户工作的合伙人去猜测他们的贡献是否达到了标
  准。如果你为团队成员提供了建设性的、诚恳并且及时的反馈
  信息，那么你就可以最大化地提升他们从你的项目中学习的能
  力，而这正是个人可以从协作中得到的重要好处之一。你也将
  建成一支由有能力的、忠诚的成员组成的团队，他们能够处理
  复杂的项目，让你有信心向客户推销他们的工作。定期沟通有
  助于在更广泛的客户团队合伙人之间提升他们的责任感。保持

最佳关系的合伙人会定期召开团队会议和个人会谈（in-person meetings），在内部网络发布有关客户机会与新赢得的客户的博客文章，从其他人的客户策略中寻找信息，通过大量一对一的会面协助合伙人了解客户业务，利用头脑风暴发现问题和创造机遇。

- **将身边的人都变成更好的协作者。** 如果团队成员真的把事情搞砸了，请克制住严厉斥责他们的冲动。同时也要避免另一种更典型的冲动，即当时勉强忍住，但事后又在背地里抱怨他们的行为。再次强调：请为他人提供建设性的、诚恳并且及时的建议。

- **慷慨地赞扬和认可他人。** 最后你非常有必要公开认可团队成员的贡献。这样他们知道自己在哪些方面做得很好，同时他们也知道你了解这一点。请你试着先不接受任何评价，看看会发生什么。我的预测是：他们会开始坚持要求你至少接受一些赞扬。

培育高效能的领导团队

让我们假设你已经克服了上述第一种障碍，并且成功地组建了一支忠诚且负责的团队。那么这三个障碍中的第二种障碍——如何为客户打造一支高效能的领导团队，已经被潜在的协作者在团队建设中或多或少地解决了一些。在一些情况下，召集一群忠诚且负责的团队成员可能是较简单的工作。更困难的任务则可能是在团队领导者之间建立高效的协调和沟通机制。

已故的哈佛大学社会心理学系前任教授 J. 理查德·哈克曼，与团队协作学者鲁思·瓦格曼对公司和非营利性组织的管理团队进行了广泛的研究。[4]他们的研究发现了一些可以说明这些顶尖团队面临的困难的特征：

对这种团队的所有成员来说，团队里的工作是次要的且优先级更低的工作。对一些艰难组织起来的团队来说，它们通常没有十分确定的目标，因此会导致一种仅限于信息共享的默认的工作策略。团队内部的人际互动常常反映出成员对更高地位的认同，以及对个人领导而非共享领导权的偏好。此外，衡量和奖励个人领导成就的激励机制更进一步强化了这些动机。

在我的经验里，这些不利于提高业绩的互动同样出现在负责重点客户的领导团队里。实际上，我想说的是这些人际互动通常在专业服务公司被夸大了。在这个前提下，合作伙伴常常被认为是彼此平等的，甚至"领导"的头衔也无法真正让任何人有信心行使指使同事的权力。

幸运的是，作为团队领导者，你可以采取以下步骤来克服这些领导上的缺陷。

创建一个有着明确共同目标的界定清晰的小组

首先，定义领导团队需要达成的目标，这种目标并不仅仅是个人贡献的总和。例如，领导可能会集体决定将目标确定在一定水平的收入和利润增长上，或是以需要跨业务协作的新型工作作为目标。要想达到这些目标可能需要耗费一定的时间、精力及来自客服团队和客户的资源，因此这样的决策一般都来自领导团队。

其次，一旦明确了团队目标，接下来就要确定具备相应的能力并且渴望为领导团队做出贡献的潜在候选人。通常，客户团队的负责人是默认的人选：他们是拥有最大订单的招财者。然而最佳的领导团队都会刻意地吸纳有技术并且有意愿成为领导者的成员。这两个条件都是必要的，只具备其中一个都是不够的。

最后，请留意最终没有进入领导层的人。那些不在正式领导团队里的高效能人士可能因为较少的管理负担而暗自松了口气，但是他们的自尊需要被照顾到，这样他们才能依然觉得自己能以其他方式贡献自己的价值。

就领导团队的角色和职责达成明确共识

许多专业人士都会避免对职责进行坦诚的讨论，这或许是因为他们没有看到讨论的价值，抑或是因为他们担心激怒他人。但是这两种担忧都有问题：如果没有明确的角色定位，那么领导团队很可能会有更多的返工和失职行为出现，而对别人的职责进行想象是对他们的一种轻视，而非更加尊重的表现。

由于你划分职责的方式会直接影响你与客户的互动，你的选择可能会受到约束或被客户的偏好影响。例如，一些客户需要一种地区性的业务团队结构去匹配他们自己的团队，如在每个主要市场都配备一位本地客户负责人。相反，其他客户则只看重成果，例如他们会说："请确保我们的全部知情权，让我们了解哪些人负责哪些方面。"当客户坚持单一问责制，即我们所了解的"单一供货"（one throat to choke）模式，那么负责该客户的领导团队显然必须体现客户的这种偏好。然而，请不要让这种单一问责制的需求压制了创建客户服务领导团队的机会，它只会对你分配团队角色的方式产生影响。

最后，确保领导团队的每个成员都明白，他们的角色既要指导整个客户业务，同时还要引导子团队（如他们的地区团队或部门）一同努力。保证每个部门或业务的领导专注于他们自己的业务部门目标，同时确保整个机构的成功，是你的客户公司首席执行官的主要工作。和他们一样，作为客户领导团队的一名成员，你的工作就是帮助每个成员认识到其对个人和集体的责任。研究表明，能够以这种方式看待自己角色的成员更有可能制定出共同的决策标准，从而最大化集体成果，而他们也更愿意为企业利益而放弃自己的业务。

明确的表达、公认的团队标准，以及可以最小化政治斗争的工作方式

团队领导之间的透明沟通，包括完整定义的、被一致认可的行为准则，是非常重要的。每个人都会发挥自己的作用，帮助团队认识到即便最棘手、最窘迫的情形也都是值得肯定的。

通常，我们要考虑的是那些能够在自身管理范围内以及更广泛的团队之间制造紧张关系的情况。例如，亚历杭德罗（Alejandro）、特雷莎（Teresa）和罗伯特（Robert）是一家美国会计师事务所的一个重要客户团队的联合领导者。他们已经很好地遵循了前两个原则。他们采用了一套商定好的策略，可以将团队的年利润提高11%，同时他们也清楚地了解每个人能够在审计、税务和风险咨询方面给各自的部门带来怎样的贡献。

尽管他们在目标上取得了早期进展，但特雷莎和罗伯特却越来越担心，因为亚历杭德罗过于狭隘地专注于审计结果，将自己的时间用在了客户董事会上，做了无用功。他们认为，亚历杭德罗应该借助自己的影响力去巩固公司在更具战略性的咨询工作上的声誉，他们因为亚历杭德罗未能为这个团队撬开更多高层的大门而倍感沮

丧。他们个人所在部门的领导希望大家展现深入客户更高领导层的能力，而这原本应是他们的一个大好机会。

当他们的沮丧情绪上升到高点时，这两位领导人都选择通过电话与亚历杭德罗进行沟通，而不直面问题——鉴于亚历杭德罗在公司的资历，特雷莎和罗伯特都害怕和他发生正面冲突。

一位外部引导者协助团队认清了潜在的情形，并且与他们进行了一次友好的谈话。结果亚历杭德罗同样对现状感到沮丧，他觉得自己的领导同伴没有对该客户采取足够的行动。该小组后来就如何解决这些问题制定了明确的指导方针，并且在议程中为以下话题预留了充分的讨论空间："这种新的行动会怎样影响你的团队和个人业务的优先级？"

这个例子与有关大公司高管团队的研究结果相一致，该研究发现，杰出的团队更有可能会公开成员个人关注的问题，并且就成员的不同部门职责和团队整体职责之间的权衡和协同效应进行公开讨论。

相互指导

团队领导之间要形成对积极的、建设性的和及时的反馈的期望，而不是忍气吞声。

作为团队成员，你可以在特定场合（如大家都参与的销售会议）要求同事提出批评意见来开始这项行动。提出具体的问题，例如"你所了解的我做过的最有效率的一件事是什么？请告诉我一个可以让我下次做得更好的方法"。最好事先提醒大家，让他们知道你会向他们提问，这样他们就可以提前对这个主题进行思考。

为领导团队提供支持

联合领导人应该共同确定他们需要额外帮助的主要领域，然后再去广泛地思考应该从何处获得资源。

在第三章中，我提到了一个令人费解的现象，即专业服务公司印证了经济学家所谓的"无法相互满足的市场"。这意味着市场里同时存在着过量的需求（超负荷的领导者兼顾着无数职责，他们需要帮助）以及过量的供给（专业人士希望承担更多职责，这样他们能够培养和展示自己的技能）。为这些未来的专业人士分配工作显然是最艰难的任务之一，而团队领导应该积极地疏通未来领导者的培养途径，确保他们都被安排在了最理想的岗位。

这个过程需要领导者之间进行频繁但通常十分简短的沟通，从而确保他们不会给任何一个同事带去过多的负担，并且可以有效地分配工作。但联合领导者也应该考虑如何动用业务支持专员或其他支撑部门的员工，为服务客户的专业人士提供更多支持。这些业务支持专员或其他支撑部门的员工通常能够提供很好的观点，但是他们并没有在关键的工作中得到重用；将他们作为面对客户的团队的一部分，为他们提供一项有意义的工作，是一种真正的双赢。

管理多元文化的分布式团队

这里我们已经来到了落实阶段，而这第三种障碍——管理一个分布在不同地域的多元文化团队的独特挑战——很有可能已经以不同的形式出现了。

即便你的团队在地理分布上并不是全球化的，它也有可能会在相距甚远的地方运营，吸引大量不同经验的参与者。管理这些大规模的协作工作会产生大量的协调成本，如因不同步的日程安排而导致项目延期，跨国协作造成文化或语言上的误解，或因技术失误而错过最后期限。跨国业务尤其具有挑战性，因为每项业务都需要协调那些工作方式和专业不尽相同的专业人士。在所有这些复杂问题之外，还有一种运营虚拟团队的困难，即这些团队成员从来没有同时在同一个空间里出现过。

让我们来看一个小案例。一位服务于一家总部位于巴黎的国际客户的法国律师感受到了一种督促自己更快发展的压力，这种压力来自美国和亚洲的联合客户负责人。

"我明白我必须表现得非常积极，"他向我评述道，"但是在法国文化里，我们无法像其他地方的人那样雄心勃勃。对巴黎的客户而言，你必须有进取心，但又不能表现得咄咄逼人。这是局外人无法理解的一种微妙的平衡。"

在他看来，随着时间的推移，建立并维系长久的关系才是完成他的目标的最佳方式：

我必须经常拜访他们。我喜欢在办公室之外花时间进行一对一的会面，与他们共进午餐。这是我了解信息的一些方式。相反，来自世界其他地区的同事却想飞到这里，与我一同和客户会面。坦率地说，这么做更有可能失去业务而无法取得成功。

但是，我与他在其他地区的同事的沟通却发现了他们对巴黎办公室工作节奏与日俱增的困惑：

在他没有解决问题并决定采取行动之前，我们在纽约的工作一直进退两难。在我们赢得这项业务之前，我们到底得吃上多少鹅肝酱？

让远程工作变得复杂起来的原因之一在于这种方式会影响我们感受和思考的方式，因此任何可行的解决方案都必须同时应对这些问题。[5]

那么让我们先来简单地了解一下人类的心理。一方面，与远方的同事一同工作带来了大量的触发因素——远距离、时区、文化、语言、对科技的依赖，诸如此类，它们会引发被一些社会心理学家称作社会分类（social categorization），或是被称为"我们和他们"的一种反应。将同事划分为不同的类别，而不把他们当作独立的个体，从本质上说并不是坏事。实际上，这是一种重要的认知捷径，可以帮助我们简化日益复杂的周边环境。问题在于我们同样也会把自己放入这些分类，这通常会让我们更积极地看待同组（我们的群体）中的那些人，而在面对其他群体（我们的群体之外）的那些人时则更消极。

这对分布式协作工作来说更是如此，因为我们远方同事的差异性每天都在不同的维度上加强。通过视频电话与另一处的同事进行交谈——这个人说话有口音，表现出了不同的文化价值观，而且只在你日常工作日内的两个小时有空——会让人更有距离感。

此外，还有更多的问题。除了影响我们对远方同事的感觉，远程工作不可避免地会影响我们对他们的信息的了解。科技进步给了我们了解日常生活经验所需的观察、解读、整合的能力，以及运用大量数据的能力。我们努力收集信息并且使用信息，并以最基本的方式依赖着它。

想一想你对那些在地理位置上距离你不远的同事的了解程度。

你知道他们在办公室权力体系里的大概位置，你注意到其他的项目可能会占据他们的时间和注意力，你或许知道他们的潜在动机（也就是他们的工作动力）。所有这些都有助于你理解他们的行为。尽管我们或许会否认，但是那些可能被我们认为无关的因素——个人生活、情绪，甚或天气——都对此起到了一定作用（因为糟糕的天气而延长了三倍的通勤时间，或是因为生病的孩子而导致的睡眠不足，这些是否会影响你的一天？当然会。那么你的办公室同事是否理解这些，并且让你得到了适当的舒缓？他们常常是这么做的）。不幸的是，以距离、时间、文化、语言，以及技术等形式出现的障碍均堵塞了这样的信息流通，造成了乔治梅森大学（George Mason University）教授凯瑟琳·克拉姆顿（Catherine Cramton）所谓的"共有知识问题"。

简而言之，在与远方的同事进行交互时，我们缺少了大部分我们在有效协作时惯于依赖的信息。更糟糕的是，上文描述的两类问题（社会分类问题和共有知识问题）会相互强化。如果我们无法与自己的同类人共享足够的信息，如果我们对远方的同事的信息掌握得更少，那么我们就更容易将这些人视为"他们。"

尽管公司里的团队被分散到了世界各地，我们还是可以采取具体的措施，让我们自身和我们的团队都具备提供优质服务的能力。我将提出两个措施：聚焦共性和信息对称。[6]

聚焦共性

"我们和他们"的思维模式的问题在于它会让我们将注意力集中于我们的差异，并且低估了我们的相似之处。好消息是我们很容易转移关注的焦点。强调我们与远方同事的共同点是转移焦点的最好方式，而这些共性中最重要的应该是你们的共同目标。

提醒你的团队记住自己的目标。针对"我们为什么要进行跨越地域的协作？"进行开放的对话。讨论你们为何选择与其他地区的同事协作，例如，这么做是为了更好地服务国际性客户，或是为了向一个重要的本地客户提供更全面的解决方案，都能确保团队成员共享团队目标。

认清你们在实现共同目标时相互依赖的关系。将以下这个问题和上面的问题结合起来："为什么我的成功取决于我远方的同事？"日复一日地找机会提醒你的团队成员，让他们明白自己对其他地区同事的依赖，从而强化这种认知。

如果对这些问题你尚且没有现成的答案，你应该重新思考国际性团队带来的好处是否超越了成本。但是如果你的确有了答案，那么这些答案将让团队成员聚焦共同的目标和相互依赖的关系，从而将"我们和他们"的说法改为"我们"。

信息对称

然而，对于共性的关注可能会让你们离目标更远，因为每一次互动都会提醒你不同办公室之间的差异。不幸的是，我们对此也没有高招。但解决方案还是有的，如果你愿意为更大、更长远的好处做出微小而持续的行动的话。

安排频繁且简短的会议，定期分享有关任务的信息，而不是在需要的时候才这么做，因为我们很少清楚地知道我们远方的同事何时会需要我们掌握的信息。除了协调实际工作的明确好处之外，定期沟通有助于保持团队成员的投入精神和对客户团队的忠诚。

此外，也请花一些时间分享个人的进度。这种交流很容易被认为是无关紧要的或是对时间的浪费（特别是在面临压力的时候），但实际上这却是非常关键的。请记住，全球性的虚拟协作与人类数百万年的进化背道而驰。为了解决信息对称的问题，我们通常需要一些让人感到被强迫的或人为的方式，例如安排时间进行"自发性"的互动，或是投入技术力量创造虚拟的"饮水机闲聊"。这些共享的经验能够提高一种视集体为"我们"的感觉，最后带来的信赖和亲密感在真正的危机爆发时至关重要。

请提供（并且参与）一场虚拟的旅程，从而为彼此提供有关你们工作环境的信息。你和你的远程团队伙伴对彼此的环境了解得越多，你们就越能理解每个人的行为。在项目开始时，让每个参与者都有机会分享一些背景信息。这些背景信息不应该以姓名、等级或序号的形式出现，相反，它可以是对你所在环境中最有可能影响有效协作能力的因素的简要描述。乔丹（Jordan）是一家大型会计师事务所悉尼办公室的合伙人，他分享了一个有用的方法：

当我开始就一项工作与一位在纽约的合伙人展开合作时，我知道我们会在深夜或凌晨开许多视频会议。因此我用五分钟时间向他介绍了我的办公环境。我重点强调了那些最有可能打扰我们未来通话的事情：我那刚刚担任新职务的客户，我的那位时不时表现得过于热切的助理，以及当我在家中办公时我的爱犬。

你最清楚哪些对你是有用的。是用网络摄像头对办公室场景的快速切换，还是用语言来描述你所处的环境背景？你的目标是帮助远程同事理解你的工作环境，并以此建立共识和信赖。

高效的全球性协作可以归结为这样一个简单的真理：我们必须

投入时间和精力来培养那些我们在面对面工作时自然产生的关系。这样的投入是必要且富有成效的。当你还有一些自由余地时，尽早积极地采取这些措施是很重要的，这样你就能够在压力增大的时候享受到运转良好的团队带来的好处了。接下来我要谈到的就是这种压力。

预测和应对业绩压力

如果处理得当，特别是被经验丰富的协作者掌握时，协作就成了一种强大的竞争工具。那么哪里会出问题呢？

在今天竞争异常激烈的市场中，专业公司和它们的领导为了带来更好的业绩而面临着前所未有的压力。每一位专业人士都会认为自己在压力最大的时候能够更出色地完成工作，例如重要的多辖区或主要的跨业务客户工作。然而与此相矛盾的是，客户团队在面对巨大的压力时，它们的产出经常低于期望值。这种在关键情况下取得卓越成就的压力通常会导致我们专注于避免失败，而非追求真正的卓越，而这种焦虑反过来又会带来欠佳的结果。[7]

"我们真的感受到了压力，"一位四大会计师事务所的高级合伙人坦承，"这对我们来说是一个孤注一掷的项目。对此我们投入了最优秀和最聪慧的人才，但是我们的团队越团结，我们得到的结果就越糟糕。我至今不明白哪里出了问题。"

业绩压力是一把双刃剑。尽管它会激励员工加倍努力，但是员工可能也会在无意中做出适得其反的行动。特别是员工可能会退缩，会回到他们自己的舒适区。这样的退缩一般都会带来两种意想不到的后果。

首先，是协作困难。由于大多数专业人士都具备了A型性格[1]的行为特征，在压力下他们更容易变得以任务为导向、没有耐心、有紧迫感，而且控制欲强。对这些人来说，花时间进行有效沟通感觉就是一种浪费，例如，向对自己的工作有不同看法的非母语人士解释问题。但是这种反应可能会引发恶性循环，会议被取消，沟通也会受到限制。在没有面对面机会的情况下，特别是对那些曾因个人成就和声誉而受到嘉奖的专业人士来说，跨越语言和文化障碍的协调与委派工作便会变得越来越有风险。因此他们的问题便成了：为何不回到自己的舒适区去呢？

业绩压力也会限制人们的视野，因此人们在理解他人观点时便会比平常更加困难，这会进一步损害对跨领域或跨文化工作非常重要的沟通。对文化差异乃至时区这样实际的情况置之不理，会产生对信任的破坏性干扰，从而损害团队提供无缝服务的能力。

其次，在业绩压力之下，人们很难创新，因为人们拒绝任何看上去风险更高的新想法。那些无法保证成果的创意通常会被忽略，因为人们更倾向于那些已经应验成功的方法。

跨国项目在创新方面尤其具有挑战性。在某个国家被证明成功的方法可能不适用于国际性环境，或是尝试的风险非常大。我们从理性上意识到，我们的客户希望他们复杂的跨国业务能够产生创新的成果，但是来自协调多元文化团队的压力会暗中影响我们，让我们寻找简化的方式，最终结果看上去并没有那么新颖，或是不太符

---

[1] A型性格：由美国心理学家迈耶·弗里德曼（Meyer Friedman）以及雷·罗斯曼（Ray Rosenman）于1959年提出。A型性格人群的表现包括：竞争性和表现欲强、急躁、缺乏耐心、对时间有紧迫感。——译者注

合预期。

很显然，当我们为最苛刻和最精明的客户执行项目时，这些结果与我们的目标恰恰相反。但是这些结果大多数都是循序渐进、非常自然地产生的，它们一时间很难被识别，尤其是在我们的团队不考虑人际互动而只专注于结果的时候。

意想不到的后果尤其有可能会悄悄地接近资深协作者，他们中的许多人因公司不断变化的优先级而备感压力。那些一直受到信赖、被认为能够在客户关系中推动业绩发展的首席合伙人现在却非常焦虑，因为他们的公司越来越多地使用了财务驱动的业绩指标和其他中央控制方式。即便最资深的合伙人也面临着强大的压力，他们要么做得比以往更好，要么承担严重的后果，如损失津贴，受到更严格的审查和监督，或是地位下降，有时他们甚至会从尊贵的管理层里被除名，甚至失去作为客户负责人的角色。

不幸的是，对此没有简单的解决方案。不过这里有四个步骤可以帮助你和你的团队应对业绩压力。

- **明确你天生的倾向，并且在必要的地方加以弥补。** 在压力之下，人们会本能地回归他们最舒适的领导方式——大多数 A 型性格的专业人士并不是鼓励协作和创新的理想人选。[8] 坚持这种转变是非常困难的，因此可以另外寻找协同领导者或项目经理，让他们在风格上与你互补，或者至少帮助你坚持自我。
- **对压力特别高的情形进行预测。** 在高风险项目上为团队提供额外的资源，例如更多的时间、随时待命的业务专家，或是管理上的支持。在（而非如果）出现团队互动功能失调的情况下，与团队一同做出如何应对这类问题的决策。[9]

鼓励团队成员在压力加剧之前安排好自己的私人生活：将即将到来的项目告知自己最亲爱的人，安排好照看孩子的后备方案，或是协助完成其他的私人职责，然后再好好休息一下。

- **动用你所有的资源。** 通常，压力过大的团队会非常依赖高层的正式领导，就像你追随老板而感到心安。可以采用类似会议的程序来改变这种趋势：下级成员是否贡献了意见？工作人员的意见是否被听取了？如果意见分享和决策制定仅仅局限在很小的范围内，那么你就无法调用潜在的好办法，从而妨碍了自己专注大局的能力，而这种专注的能力才是你最需要的。

- **让客户参与进来。** 这似乎有些反直觉，但是与一直等到最后的"大揭晓"相比，尽早向你的客户展示新颖的想法（当然还包括恰当的提醒）的风险要小得多。在整个过程中，客户的参与不仅能够建立他们对共同开发出的解决方案的忠诚，同时也能帮助你专注于最优的而非仅仅可被接受的解决方案。

这里还有一些好消息：如果可以很好地做到这些，那么你就能够真正利用业绩压力带来积极的作用。在压力下得到恰当引导的团队表现得更积极，能够工作得更加努力和长久，同时还会将高风险项目作为发挥才干的机会。你依然是那个成功的资深协作者，是公司珍视的人才，而现在通过智力协作，你还具备了前所未有的影响力。

下一步：关注那些未被重视的角色

在我的研究过程中，那些与我进行过交谈的资深协作者已经十分了解如何成功地与广大同事一同工作。他们分享了自己的智慧和经验，以及他们有待解决的问题。本章已经总结了其中的一些经验，并且对一些问题进行了讨论。

然而还有大量其他丰饶的资源、有价值的观点和值得讨论的问题。例如，到目前为止，我在每一章都简短地提到了公司里通常不被重视的一个群体：一个被我称为贡献者的群体。

在第五章中，我将指出这个群体从协作中获益的方式，并且向他们以及他们的公司领导展示如何运用他们的潜力的方法。

第五章

协作与贡献者

如第四章所讨论的那样，资深协作者分派工作的能力取决于他们是否能够找到一个或更多值得信赖并且有意愿加入团队的同事。然而这里还有一个问题：有时没人会上钩。

人们为何不愿意呢？答案多种多样，因人而异。第五章探究了被我称为贡献者的专业人士，聚焦于那些通常作为团队成员而非领导者的群体的优缺点以及他们的协作方式。换句话说，资深协作者分派工作，贡献者接受工作。[1]首席客户服务合伙人创造协作机会，贡献者则协助实现这些机会。

贡献者包括一些不同类型的专业人士，我将他们归纳为同一组的原因在于他们对与协作有关的挑战和机遇持有相似的看法。第一类贡献者是"进取新秀"（up-and-comers）。这些人是天生就理解协作价值的年轻的专业人士。他们雄心勃勃，他们想参与行动。他们明白客户问题日渐复杂，而复杂的问题越来越需要经验丰富的团队来提供解决方案。他们知道这些问题和不太复杂的问题相比更有意思——对专业人士来说这些问题更加令人振奋——同时客户也愿意付更多的钱来解决它们。他们甚至有一套纵向理论来支持他们对协作的偏爱：今天的独立专家被商品化的风险越来越大，因此他们是可以被替代的。

另一类贡献者与第三章描述的独行侠专家有些相似，但他们的层级没有那么高。这些人拥有卓越的技能，他们必须处理好开发自有客户和为其他合伙人开创的工作做贡献之间的紧张关系。一位年轻的律师曾坦率地告诉我："我本可以用帮助'我的合伙人'构建业务的每一分钟时间投入自己的专属业务。在这个行业里，没有人会因为配角获得奥斯卡奖。"

同样，从事内部战略或财务工作的专业人士，抑或智库研究员或相似位置上的年轻的专业服务人士，必须在作为团队一分子完成集体项目的情况下，决定自己到底要投入多少精力来实现自己所负责的目标。毫无意外的是，有些人更愿意为自己的工作埋头苦干。

所有这些贡献者日复一日地协助着公司取得成功。如果你是一位公司领导或资深协作者，你知道这些贡献者都是谁，你也知道当他们尽其所能的时候，他们的价值是无可估量的。[2]

贡献者自己可能会找到一种相对稳定的、风险较低的节奏。因此为何还要开辟新的方向呢？在有些情况下，他们的生活发生了改变，让他们变得更有空闲（例如他们最小的孩子去了寄宿学校，或者上了大学）。在其他情况下，他们和进取新秀一样，则会做出这样的决定：他们想要完成更多高难度的挑战，和更有趣的人一起工作，他们想通过在高效团队的工作得到心理上的回报，或许还可以赚更多的钱。他们也许已经尝到了合作的滋味，并且想得到更多。抑或他们可能担心他们选择的道路会变得越来越有风险（例如，寄托于一位能够保证工作源源不断的明星招财者）。另外，业务明星在公司间的流动变得愈发频繁，而他们通常不会带着他们忠诚的团队一起跳槽。

对所有类型的贡献者来说，协作是一条有前途的道路。本章将解释这个原因，同时提供快速获得好处的一些策略。从最初采纳协作方式到获得由此产生的好处之间的时间差是不可避免的，但是贡献者自身和他们的公司领导可以采取行动，让协作变得更加简单，回馈更加丰厚，并借此提升获得回报的速度。

参与他人项目协作的好处

不论你是哪一种类型的贡献者，你已经有了一个美好的前景。坚持现有经验自然是有风险的，但是改变你那已被验证的秘诀同样具有风险。开创"其他人的客户"带来的回报或许并不显著——它的影响往往难以追踪，而这么做对专业人士收入的短期影响则在很大程度上取决于公司薪酬制度的具体条款。因此同样的问题又来了，为什么你必须打破自己良好的现状呢？

针对这个问题，我提供了四个答案。

服务型工作会让业务成功发展

很久以前，专业服务大师戴维·梅斯特提出了服务领域的群体分类：发现者、维护者、操作者，而它们几乎成了通行的用语。他的一个主要观点在于，所有这三类群体都是重要的，成功的专业服务公司会建立并维护一个保证这三者平衡的金字塔。

然而，不同群体间的流动也是有可能的。简而言之，担任别人的操作者能够流动到其他群体成为一名发现者，同时在新的角色上越做越好。

我曾经调查过数十家专业服务公司的合伙人，询问他们在客户工作中不再进一步协作的原因。他们表述的首要原因是他们缺乏跨业务工作的能力和自信。[3] 然而这却是一种自我实现的预言：如果你不去尝试，那么你将不会有进步。在跨业务项目中工作，能够极大地预测一名合伙人在未来几年里创造收益的情况。实际上，当我对我的数据库里数千名合伙人进行分析时，我发现，协作者只是在前一年参加了几个额外的多业务项目，他们与现有客户的平均业务往来就增加了数万美元。[4]

与合伙人及客户的访谈表明，之所以会有这样的结果，是因为多业务的项目工作帮助贡献者学会了如何处理他们自己的客户更加复杂的工作。通过参与跨业务团队，贡献者获得了其他领域的相关信息和知识，这让他们有了更强的能力去识别他们自己的客户所面对的更广泛的问题，并且也有了与客户谈论这些问题的自信。一位协作型贡献者如此说道："和一些税务专家共同工作之后，我开始对他们的工作有了真正的了解，我认识到我自己的专业领域还有一些分支，而我的客户可以在此通过税务咨询获益。我所了解的内容足以让我与客户展开这方面的对话，一旦我的客户对此表现出了兴趣，我便会让这方面的专家参与进来。"

然而，协作所提供的学习内容并不局限于学科知识。贡献者同样可以发展内部关系，这样他们就能怀有合作伙伴可以协助他们完成高质量工作的信心，处理新客户更为复杂的工作。

在某种程度上，协作型贡献者在一年内参与的跨业务工作越多，在下一年面向新客户的服务中他可能取得的成功也越多。然而，这种效应逐渐式微。初步分析结果表明，那些花费超过四分之三的时间来服务他人客户的贡献者可能会陷入"服务型合伙人的陷阱"，因为他们没有花足够的时间去寻找新客户。而大多数公司都希望一定资历以上的贡献者至少能够创造一定收益，这正是这种陷阱可能十分可怕的原因。

同事会为你推荐工作

即便你没有客户开发的职责，协作对你也是有益的，因为它能够在恰当的圈子里树立你的声誉。作为一名贡献者，你已经意识到接受工作推荐的好处，但是你或许还没有看到协作对这个过程做出了多少贡献。

为什么会这样呢？当你与一名同事一起工作于某个项目时，你建立了这位同事对你的品质和能力的信任，因此有助于克服前几章提到的与信任相关的障碍。你合作过的合伙人越多，就有越多人会放心地将工作推荐给你。[5]"在我们俩一同为马修（Matthew）的客户项目工作时，我对苏珊（Susan）的工作质量有了了解，"一位合伙人告诉我，"她那敏锐的见解让我印象深刻，因此当我自己的客户面临重组问题时，她显然就是我打电话要找的那个人。"

这段话可能引起了那些同时收到并发出过工作推荐的协作型合伙人的共鸣。但是，我怀疑那些不习惯协作的贡献者依然需要有说服力的依据。如果这说的就是你，请思考这一点：我对多家公司的分析证明了协作能够提升合作伙伴在直接协作者心中的信誉，这些人愿意在共同合作之后就立即为合作伙伴推荐工作。平均而言，每新增六名协作者就会在下一年带来一个来自他们推荐的新工作。以一家中等规模的会计师事务所为例，由于贡献者成了业务开发者，如果按照增量收入计算，这类工作推荐的价值将高达数万美元。

但是，如果他们的客户并不需要你的专业知识，即便最赏识你的首席合伙人也无法为你推荐更多工作，但是在这样的情况下，他们也很有可能会将你的专业知识传达给那些确实有需求的同事。换句话说，协作提升了专业人士在其直接协作者之外的声誉。专业人士合作过的同事越多，他收到来自其他人的首次推荐就越多，而这些人是通过口口相传才了解到他的。以一家公司为例，它仅仅与两名新增的合伙人展开过协作，一个新的客户便主动找上门来——这个客户可能是通过口碑推荐了解到这家公司的专业技能的。由于从其他人那里获得业务比自己找业务更加高效，这类推荐在帮助你达到收益目标方面具有非常高的价值。

最后，我的分析表明，一位合伙人在他人开发的客户业务中参与的协作越多，那么不论其所在的办公室、业务小组、组织任期或当年收益如何，在接下来几年他自己的收益都将出现增长。具体来说，在当年每增加一名协作合伙人，那么在下一年里这位初始协作者的收益将增加 0.5%。例如，如果一位来自《美国律师》杂志评选的全球 100 强律师事务所的普通律师以每月新增一名合作者的速度扩大自己的协作网络，那么这就意味着 22 000 美元的收入增益——这甚至要早于因此导致的小时费率的相应增加，在后续章节我会详细讨论这一点。

诚然，这个数字或许不足以让专业人士改变自己的行为。但请看一看图 5-1。

这张图建立在一家公司的真实数据之上，它显示了协作是如何随着时间的推移作用于两名不同合伙人的，且让我们称呼他们为珍（Jen）和金（Kim）。[6]假设他们最初获得了数量相同的工作推荐——在此这个数字是5。在第一年里，珍（由顶端的粗线表示）努力地工作，她接受工作推荐，并且将一些工作推荐给其他人，以此建立了自己的协作关系网。第一年年底，在协作过的合伙人数量方面，她已经跻身公司排名前列。同样，她所收到的来自新联系人（粗实线）和前任协作者（粗虚线）的工作推荐急剧上升；该效应随着时间的推移不断地增强，这是因为珍的团队伙伴对她的声誉起到了传播作用。

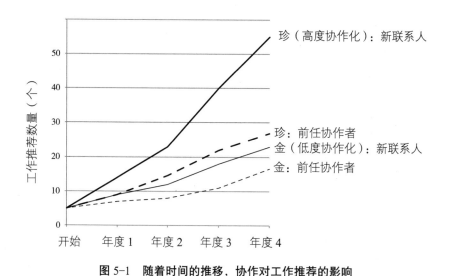

图 5-1　随着时间的推移，协作对工作推荐的影响

注：来自新联系人的工作推荐和来自前任协作者的工作推荐。

而另一方，金（由图中细线表示）建立自己的关系网络的速度则缓慢得多；在第一年年底，她所获得的来自新老联系人的工作推荐数量依然位于公司排名后端。因此，这四年里她的声誉的传播速度更加缓慢。在这个阶段结束时，珍所获得的工作推荐超过了金的两倍。当然，这幅图是以公司许多合伙人的平均协作效应为基础制作的——有些人从协作中得到的可能更多，有些人则更少。但整体而言，认识到协作效应一定会随着时间的推移而积聚——这在一定程度上是专业人士的声誉显著提升的结果——可能会促进合伙人对未来的协作工作做出更多投入。

协作会提升你的声誉和费率

专业服务在不透明度方面是出了名的，也就是说，即便在服务完成后，客户也很难评判它们的价值。这要么是因为它们与许多其他客户的行动和决策有着千丝万缕的联系，要么是因为成果只有在相当长的时间之后才会显现，抑或两个原因兼有。尽管客户越来越多地使用评价指标来分析他们在知识型服务上的"支出"，但这种令人困扰的不确定性依然存在。实际的结果是，许多客户依然会大体上根据那些在口碑相传中专业人士的良好声誉做出雇用的决策。这对于你，一个打算参与协作的贡献者意味着什么呢？在别人的项目中工作能够扩大和提高你在客户中的声誉，同时增加人们对你的服务的需求。

很显然，你不会因为强大的市场声誉可以让你收取更多的费用而感到惊讶。但是你或许会惊讶于协作对这些费率的明确影响。在我所研究的许多公司里，合伙人从事的跨业务项目越多，单个项目的复杂度越高，那么随后几年他们的每小时费率便会变得越高。分析结果表明，协作带来的费率增加超过了导致费率变化的其他方式，如合伙人的表现、所在部门、资历、性别等其他变量。简单的事实始终是：跨业务合作经验是一种非常强大的决定性因素，它能够决定你的能力，让你能够以高于从事更加封闭工作的同事的速度提升自己的费率。

例如，那些在 2008 年每小时费率为 500 美元的普通非协作型律师现在的收费标准为每小时 600 美元。但是如果同样的律师在此期间完成过大量复杂的、跨业务工作，那么现在他的费率将超过每小时 750 美元。[7]即便你并非这种按小时或工作日收费的专业人士，你也应该意识到，在这种情况下，金钱就是声誉的体现。换句话说，这是量化你的协作经验和其市场价值之间关系的最简单的方式。

为什么会这样呢？这是因为客户认识到你可以提供战略性指导的能力，而不仅仅是纯粹的技术性专业知识。当他们想要解决自己最棘手的问题时，他们愿意为你提供的价值而给予你回报。

即使在短期内，协作也有助于提升费率。以一家公司为例，在另一个业务领域的合伙人所开发的项目里工作的专业人士，通常提出的费用标准要比其所在领域的工作高出 8%~10%。这种差距部分是因为在非本业务的合伙人收费时间相对较少的情况下，客户不愿意划掉账单中的这一部分。但是客户一方的高层人士告诉我，如果能够明确地增强成效，他们愿意为专业资源付费。

这个例证是令人信服的：你在专业之外的计费工作时间占比越高，你的收费费率和普通同事相比就越高。

协作能帮助你渡过下一个难关

协作使得专业人士免受因经济衰退而导致的最严重的财务影响。只有在遇到重大问题时这一点才能显现，而且有时非常关键。

以一家公司为例，那些在 2008 年金融危机之前的三年每年都与至少十位其他合伙人协作的合伙人，在2008—2009年度保持了盈利，而那些单打独斗的合伙人的收益则跌到了谷底。除此之外，随后协作型合伙人的收益攀升速度也更快。

对这个现象有两种解释。第一种解释是来自金融入门课程里的投资组合理论（portfolio theory）。称职的金融顾问会建议你不要将所有积蓄用于单一种类的投资，而知识产业里明智的合伙人也会将他们的"赌注"分散在多个不同类型的客户上。根据平均概率法则，在经济衰退时肯定会有一部分客户经营得比其他客户更好。同时，最具协作性的合伙人能够参与多个领域的工作，其中一些有可能是与经济周期既定阶段的发展方向相反的。另外，不同的业务小组在经济周期的不同阶段的运营情况也各不相同。那些因为与负责破产和重组业务的同事有着紧密联系而获益的贡献者在2009年得到了大量的业务。

第二种解释是心理上的。"我们人类心中有着强烈的部落意识，当食物短缺时，我们便'只顾自己'了。"这是一位合伙人向我解释他在经济衰退时期的行为时所用的措辞。他进一步解释道，他并不认为整个合作群体都是他的部落成员。相反，他所谓的部落是那些在经济衰退以前共享工作的紧密联系的小团体。

当然，很少会有合伙人为了在灾难中保全自己而展开协作。如果他们发现衰退即将来临，他们会套期保值，打压对手，或是在经济衰退时退休。然而我们可以将这种保全方式看成协作的一种美好的副产品——作为明智投资的一份保险。这并不是一个足以改变人的自身行为的理由，尽管如此，这也是一种好处。

贡献者的协作策略

协作可能会让人觉得这是一场危险的游戏：我们已经从个人和公司层面看到，协作需要预先的投入，但是只有随着时间的推移它才会带来回报。然而，想成为协作者的贡献者可以采取一些策略来减少他们的成本，提升收益，同时缩短协作的回报周期。

让我推荐两种全方位的策略：培养与合适的合伙人的关系，同时开发你的个人技能组合，提升你对潜在协作者的价值。

培养与知名合伙人的关系

你需要参与协作项目，与为那些负有名望的客户服务的合伙人一同工作。合伙人关系网络里的这些合伙人的形象和地位越高，他们对公司内外人士的影响力就越强。因此你怎样才能找到那些能够从你的专业知识中获益，又能帮助你构建自身能力并且实现收益的合伙人呢？

首先，以特定的客户以及与他们相关的合伙人为目标。克丽丝（Chris）是一家国际律师事务所纽约分部的合伙人，使用了这种策略。从同事的讨论和商业报刊文章中，她收集到了有关如何将她在数据隐私方面的专业知识更广泛地应用到企业的客户策略中。接着她又研究了她的公司已经服务过的机构，并在一份备忘录上为合适的合伙人列出了她可以为该合伙人的客户专门提供的服务，以及如何利用她的专业知识解决特定问题的方法。克丽丝承认，这项工作是费事的，并非她所有的同事都乐于接受这种被认为是自我推销的行为。但是，有些人则非常感激她，因为该策略最终带来了新工作的联合推广，并且建立了与合伙人的长期联系。

其次，充分利用贵公司与信息请求（requests for information）相类似的机制。借助这种方式，你将为一个现有的系统赋予一种新的（且可用的）功能。对此一位合伙人是这样描述的：

我们有一个叫作全球请求（Global Request）的内部系统，人们在出现商机或遇到问题时可以使用它。为了得到别人的意见，你可以向分部或整个公司提交专门的请求。我们公司有数千名专家以及数百名合伙人。如果你把请求发给了所有合伙人，那么你平均会收到三到四个回应。如果你得到了明确的回复，那么下一次遇到这类问题时，你便可以直接去找他们，这对你们双方都有益。

但是，除非你对20~30个全球性请求提供了反馈和见解，否则你不太可能看到工作推荐方面的好处。当我还是一名初级合伙人时，我强迫自己尽可能多地回答请求。每当我有任何要补充的时候，我会试着分享反馈意见，或者至少将它们推荐给一些人。我无时无刻不在鞭策自己。我得到了对于我的意见的精彩回复，最终我被请去协助具体的提案、演讲等其他事务。

再次，发起关系。邀请有影响力的同事参与你自己的客户项目。这里有一个启发性的例子：凯文（Kevin）是一名经验丰富的咨询合伙人，他从一家精品电信公司跳槽到一家通才公司（提供全方位咨询服务的机构），这样他便可以将自己的运营专业知识运用于更广泛的客户群体。在加入新公司不久，凯文找到了三位被一致认为是其他业务团队主要成员的合伙人。他邀请每个人共进午餐，在每次会面之前，他都会花费数小时对他的午餐对象进行尽职调查（due diligence）：研究他们出版的论文，详细了解他们的客户，并且与和他们有业务合作关系的合伙人进行交谈。不出意料的是，这几位同事都认为共进午餐很有意思，富有成效。

在他加入新公司的第一年里，凯文找到了一个契机召开了联合会议，让他的客户与这几位合伙人中的每一位都进行了接触；其中一位合伙人因此开发了一项小规模的但前景良好的业务。这三位合伙人——不仅只是那位得到了直接好处的合伙人——他们均对凯文深厚的专业知识和客户管理技巧表现出赞许之情。他们对他那留在公司以及建设繁荣业务的决心表示了理解和钦佩。

随着时间的推移，这几位合伙人开始向其他人表达他们对凯文的印象，而凯文则开始为同事来自各行各业的客户进行工作。凯文解释道，他最初的秘诀是充分学习合伙人所在专业领域的知识，这样他就能够在自己的客户那里为他们识别出有关这些领域的机遇，同时能够可靠地就这些机遇展开讨论。

最后，成为一名模范型的团队成员。如果你希望得到工作推荐，你必须充分抓住打造自己声誉的机会。在没有提醒的情况下按时交付承诺的工作。如果有真正紧急的事情耽误了你，请立即进行沟通，不要找任何借口，同时切勿抱怨下属。提前明确预期和你的情况，例如可能会让团队伙伴无法联系到你的出行计划。那些推荐工作给你的合伙人或许是利用该项目作为测试，从而了解你是否已经做好了准备。这看上去不言而喻，但依然值得强调。

"当有机会为知名合伙人服务于备受尊崇的客户时，"一位协作型贡献者告诉我，"我选择过度投入该项目，从而以最好的方式展示我的专业技能。这必定意味着我要在其他地方做出牺牲（通常我要放弃晚间和周末的时间），但为了巩固我作为关键人员的地位，这么做是值得的。"

培养你解决客户复杂问题的能力

我在第三章谈及了技能建设的话题。这里我还想对"仅仅作为"团队成员的贡献者谈一谈同样的观点。你想得到协作带来的机遇吗？如果答案是肯定的，那么不论你是否"拥有"客户，你都有责任去发掘机遇。

如果你没有经历过正式的商业培训，那么你必须熟知那些支撑客户公司的战略、运营或商业环境的核心商业理念。为了打败竞争对手，你并不需要取得工商管理硕士学位，但是如果你学过这样一些基础商业知识，那么你一定会具备更丰富的知识来武装自己。面向你所在的专业领域——法律、会计等的专业人士的管理课程可能会提出相关性最强的核心概念，帮助你找到如何将你的新知识应用到实践中的最简单的方式。[8]

此外，请尝试与贵公司的一些因为善于在客户交流中提出"商业洞察"而闻名的人士进行合作。这样的人可能是其他合伙人，但也不一定。你可以考虑与业务发展部门或市场职能部门的一些人建立非正式的联盟。这些人是尚未被发掘的智慧宝藏，很多人都乐意对客户产生直接影响。

所有这些都将有助你提升技能、自信，以及处理复杂问题的声誉，即便你只是一个贡献者。同时，这些准备工作结合你在这个新领域的业绩，能够帮助你判断自己将在这个新的组合中走多远。如果你坚持不懈并且取得了成功，你一定会成为一名资深协作者。

解决生产者–管理者的困境

采取上述措施将有助你更快更可靠地收获来自协作的好处。本质上，它们帮助你提高了来自协作的回报。然而在投身更多积极的、跨业务的或跨地域的协作工作之前，许多协作者还要克服的最后一道障碍，便是投资回报方程的投入部分：当他们已经在拼命工作，将自己的专业知识运用于不断涌来的工作时，他们如何才能找到时间来参与协作呢？

"如果我必须开始学习为客户发现和处理更加复杂的问题，"你或许会认为，"这难道不会带来更多麻烦吗？"贡献者有充分理由担心他们如何才能承担新的职责以及伴随客户团队的扩大而来的更重的管理负担，同时还要继续保持一贯的高质量和生产力。这种挑战是通常被称为面临生产者–管理者困境的初露头角的协作者时常遇到的——一种在管理客户关系和其他专业人士的同时开发和执行工作任务的挑战。

初露头角的协作者可以采取一些重要的措施来保证自己专注于效益最高的客户和优先级最高的团队工作。这里有三个你可以采取的方法，它们可以被概括为客户管理、团队管理以及自我管理。

客户管理

客户管理的核心观点是：更牢固的和更透明的客户关系将让你优先考虑更好的，并且把更多的注意力放在价值最高的那些领域。

首先，就任务预期达成一致，并且对其进行管理。先投入足够的时间，确保你和客户都能够明白你为何要提出协作这种方式。设定明确的目标可以节省下大量时间，避免后续的重复劳动，因为你无须再浪费时间去解释一些问题，例如为何来自远方的（具备了必需的专业知识的）同事会出现在账单上。记录下这些预期任务，这样你就可以有针对性地引导加入项目的新人。这是一种节约时间的重要方式，因为协作工作通常比独立工作拥有更大的流动性。

提供工作过程记录。这样客户会觉得自己被赋予了权力，有了控制权。另外，当出现问题时要挺身而出。你说得越早，例如"我们发现了一个问题，但是我们知道如何解决它"，那么客户就会越信任你。一位经验丰富的合伙人表示，他对客户电子邮件的大部分回应只有简单几个字："正在进行中"。即便这种相当简短的回应也能够让客户明白他已经接收到了指示。客户知道当他能够提供有关工作进展的更多细节时，他将把工作贯彻到底。另外，在一开始就要诚实对待自己和团队的能力，宁可拒绝工作，也不要破坏信任。

其次，也要关注单个客户的优先事项、偏好以及担忧。客户希望你对他们做事的方式，特别是他们习惯的交流方式保持敏感。他们是喜欢简短而频繁的邮件更新，还是喜欢更加全面的备忘信息呢？他们希望电子邮件得到即时回复吗？他们是否不喜欢在孩子的睡觉时间被打扰，但是在早上九点之后又有空了呢？当你开始为新客户协作时，请从负责项目的合伙人处了解这些信息，这样你便可以顺利过渡到更重要的角色。大多数协作者表示，他们了解所有重点客户的这些信息，但是我所访问过的客户主管却常常抱怨他们会弄错，这或许是因为他们在与客户的沟通中存在误解。

在更深的层面上，你是否了解你的客户的职业理想是什么，他需要付出什么才能实现它？如果客户的目标也是为了扩大自己的职责范围而不断学习，那么你在解决复杂问题和设计协作解决方案上的努力与他的目标便是一致的。当你专注于客户真正想要的结果时，你便能够保证自己的协作方案可以带来真正的价值，而非单纯的自我吹嘘。

最后，你同样需要让客户参与解决方案的共创。数十年来的心理学和组织学研究表明，当人们参与过创意和方案的开发过程后，他们会对这类工作更加投入。出人意料的是，和那些对整个过程抱有疑虑但得到了较好结果的人相比，那些最终面对较坏结果但非常认同工作过程的价值的人往往都会感到更加满足。[9]这种倾向并不意味着你可以提供平庸的服务，但这却说明，在你的工作完成得并没有那么出色的极少数情况下，如果客户协助过方案的开发，那么就有可能体现出这种方式的好处。

因此，你必须与客户协同参与所有关键决策的制定过程，让他们有真正的选择权，而不是接受你已经想好的方案。即便你的团队任务是自行开发解决方案，也请让客户及时知晓进展，为他们创造质疑的机会，打消他们的担忧和不安。共创方式让客户站到了你这边，它同样也有可能会抵御那种造成紧张气氛的某种"我们和他们"的心态。这种低压力的氛围会创造一种良性循环，因为在面对较少的压力时，你和客户更有可能制定出强大的决策，这能让你们更高效地协作，并进一步减轻压力。

团队管理

如果你做出了恰当的投入去配置和带领客户服务团队，那么你便能够降低协作成本，并且为你从事的价值最高的项目创造更多时间。请注意，不论你是否是正式的领导，你都可以采取大多数这样的行动——最优秀的贡献者能够在自己所在的层级里找到促进协作的方式。对此我也有三个建议。

首先，通过授权给团队增加压力。最积极、最投入并且最富成效的团队成员都非常认同这种说法："在工作中，每天我都有机会去做自己最擅长的事情。"[10]请协助每一位团队成员找到他们个人能力

智力协作

和工作任务的最佳组合，这样他们既能够接受挑战，又不会感到不堪重负。授权不仅能够解放你的时间，也能够激励团队表现得更好。同时，你将提高同事的技能，这样他们能够作为你的后备力量持续地为你服务。最终，你将收获他们的忠心。

其次，进行频繁的检查，及早发现和纠正问题。例如，德勤会计师事务所最近启动了绩效管理系统的全面改革，要求团队领导和成员每周进行单独的对话。德勤强调的是绩效管理活动与管理者核心任务之间的相互联系："对我们来说，这些检查并非团队领导的额外工作，它们本就是团队领导的工作。"[11]

这听起来是反直觉的，但是这些在简短对话上的投入实际上让协作变得更高效。谈话可以让协作领导明确接下来一周的重点工作，对近期工作进行评价，纠正发展方向，向团队成员提供指导或告知重要的信息。

你或许会想象只有初级员工才会期待这些谈话，而合伙人则会把它们视作一种干涉。然而在现实中，为了得到有关客户情况的最新信息，以及为了节省时间而要求澄清疑虑，大多数合伙人都对简短的电话沟通表示欢迎。

在很多公司里，人们不习惯询问意见，或许这是因为他们相信公司的"创业"文化要求他们表现得自信和独立。你作为协作领导和贡献者的工作就是要克服那些顾虑，同时提供非评判性帮助（nonjudgmental help），直到这些行为在你的团队成为常规。无论你在什么时候为简短而频繁的检查做出投入，都会让你成为更加高效的协作者。

最后，授权团队成员相互派遣和调用公司的所有其他资源。如果你必须为所在团队的沟通模式画一张图的话，它会是什么样子呢？针对这个问题，很多团队领导和团队成员会直接画出一张经典的组织图，图中的信息根据层级依次向下流动，如图 5-2 所示。其他人描绘的图则好似一个车轮，该车轮以他们自己为中心，以其他成员为辐条。最佳的协作关系则好似网络，可能的沟通线不仅连接到中心，还可以连接所有参与者。这种模式意味着团队成员可以相互寻求和提供帮助，从而解放了领导，让领导可以关注更重要的问题。然而，为了在这样的团队里避免出现信息过载，团队领导必须真正赋予成员在需要时彼此直接沟通的权力，抑制那种为了保护自己的利益而只向领导和其他团队成员传达无关紧要的讯息的趋势。

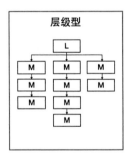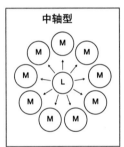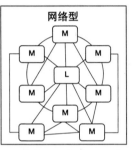

	层级型	中轴型	网络型
优势：	• 易于领导 • 短期内效率较高	• 领导可以保证控制权 • 每个成员都能获得相同的讯息	• 高效——每个人只有在必要时才参与 • 成员之间相互接收和发送信息 • 领导可以专注于更高层次的问题 • 被赋权的团队成员更加积极和投入
风险：	• 剥夺了低级成员的权力 • 单向信息流动会阻碍创新和反馈	• 领导成了瓶颈 • 成员被相互孤立	• 如果没有遵守基本规则，会产生信息过载的情况

图 5-2　团队沟通的模式

注：L= 领导；M= 成员。

此外，请确保团队成员认识到了团队之外的公司资源，并且也很乐意与这些资源协作。例如，很多公司都没有充分发挥沟通专家的作用，他们是员工撰写第一篇客户演示文稿时最好的意见征询人。同样，许多公司拥有（或有机会接触）行业专家，他们的意见可缩短用于研究项目的时间。你要对所在机构的类似资源有所了解，同时你要知道如何很好地利用它们。向团队展示你的这种能力，特别要对那些常常被低估的员工资源流露出尊重和感激之情。你越是能够帮助团队有效使用资源，你就能得到越多的时间去发现并帮助实现高价值的合作机会。

自我管理

针对协作型贡献者的生产者-管理者困境问题，我的最后一个建议是进行自我管理。

首先，坚决而现实地进行优先抉择。为了实现客户和团队建设的目标而决定哪些行动必须完成。如前文所述，你可以在可能的情况下委派任务，尤其是那些对你的团队来说是很好"拓展机遇"的任务。

其次，坚持你的安排。安排得最完善的计划也会有纰漏，这是很自然的事情，特别是当你感到不知所措的时候。因此请在每天早上检查你的优先事项，只对关键问题进行再次论证，处理最重要的工作（而非最紧急的事项）。在理想的情况下，当你专注于需要高度集中精神的任务时，请关闭电子邮件并排除其他外界干扰。但是，由于你正在以协作成员的身份进行工作，请记得对你的短暂缺席做出解释。例如，在写作这本书时，我为电子邮件设置了这样的自动回复：

今天上午为了专心写作书稿，我关闭了电子邮件。请原谅我在 × 年 × 月查看邮箱前无法及时回复您。如有紧急事项，请拨打我的手机 ××××。

通过告知对方不必等待即时回复，你为自己赢得了一些时间——特别是很多问题都会在这段时间被奇迹般地解决。在自动回复里提供手机号码的方法表明你愿意在必要的时候进行回复，同时也会让人们再三思考自己的请求是否真的需要得到即刻关注。

精神上的重建活动。对于那些开始让你觉得拖累个人成效的任务，你要认真思考它们是否"隐含"着有用的信息。例如，今天你培训过的同事很可能会使用那些学到的技巧找到销售机遇。你当然不应该欺骗自己这些信息就是有用的，但是你也不想错过那些等着被发现的一线希望。

构建一个支持网络，其中的人员了解你的目标，当你偏离轨道的时候他们会向你提出善意的提醒。最优质的网络包括各层级的人员——主管、同僚以及下属——因为每个群体都对你支配自己时间的方式有着独特的见解。请积极地征询他们的意见，至少每季度一次；为了与他们取得联系，可以在你的日历上安排重复的事项。请确保你不会向那些指出你的过失的人发火。当然，你也要做好回馈的准备。你能告诉他们什么是自我管理吗？

此外请记住，要保持精力充沛。当你感到疲惫、饥饿或是脱水的时候，你更容易陷入独立贡献者的舒适模式。记住，你的大脑消耗的能量多达你所吸收的能量的三分之一。如果你不吃饭，或是用垃圾食品将就，那么你就会招致一种脑雾①，它会让你无法发现复杂的、跨专业的关联。此外，脑部扫描显示了当你处于脱水状态时（如乘坐飞机跨越大西洋），有多数脑部灰质细胞会停止活动，由此可见，大量饮水这种看上去很小的行为对高效协作者来说是必不可少的技能。

最后，睡眠并不是一种奢侈品，而是一种必要的成功因素。思维上的敏捷性、专注力、清晰度、创造力以及记忆力都会因缺少足够的休息而受到影响。精疲力竭的合伙人同时也是非常让人不悦的团队成员，这样别人便不太可能接近你，为你提供机遇和反馈。获得并保持精神上的最佳状态对你正在承担的任务是至关重要的，这可以为你释放更多时间来进行协作。

公司领导如何提供帮助

本章所列举的策略旨在从贡献者的角度缩短协作的回报周期。我强调了个体可以采用的积极手段，它们可以让收益超过成本的时刻加速到来。

协作不仅有利于协作者个体，也有利于公司。因此，让我用领导者用以帮助协作者以及他们的公司更快速地获得收益的方式来结束本章吧！

帮助可塑之才脱颖而出

协作者需要初次尝试的机会——这是他们迈出的第一步，这反过

---

① 脑雾（brain fog）：一种大脑难以形成清晰思维和记忆的现象。——译者注

来也意味着他们需要客户团队负责人大胆地任用他们。特别是在那些通过合并而壮大的公司里，主要合伙人可能不会相信其他人（特别是那些没有经过测试的人）具有与他们相当的能力和专业水准。跨专业协作尤其如此，因为如果一名合伙人所具备的专业知识与别人的差距越大，那么这名合伙人就越难评估别人的个人能力，或者越难信赖别人。

大胆用人的风险非常高，而劝导一个曾经遭受误判之苦的合伙人重回协作关系则难上加难。一位失望的合伙人如此说道：

为我的客户与一位无论是在实质性律师工作或响应能力上都会让人失望的同事牵线搭桥，无疑是最大的一种障碍。在我的经历中，这种情况时有发生，而我觉得还有上升的趋势。因为这种问题，我曾失去了重要的客户和更多业务。我还发现，一些同事没有给我公允的评价，不让我好好参与工作，这让我难以履行协作合伙人的职责。

在这种可感知的风险下，作为公司领导者，你将如何保证合理的工作推荐不会流向"惯有嫌疑人"那里呢？方法之一是召开一系列压力不大的会议，在这里贡献者可以分享他们为公司客户创造价值的具体案例。尤其对那些不喜欢自吹自擂的人来说，这样的场合让自我宣传变得平常起来，给了他们表现自己专业知识的机会。这种会议也是让内向者脱颖而出的好办法。咨询合伙人贾尼丝（Janice）评论道："我常常生活在外向人的阴影之下，他们在极短的时间里就能对自己的成就夸夸其谈。如果有人给他们打电话，甚至只是提到了一个潜在的机会，他们都能很好地即兴回应——瞬间就能整合出有用的信息。而我个人则需要更多的时间来准备。"

获得人气是建立声誉的一种方式，这就好比"闪电约会"（speed-dating）活动的专业人才版：一群合伙人聚在一起，每个人都有五分钟时间与一位同事进行一对一的交流，探讨客户为何要对合伙人的专业知识感兴趣。这样的活动代价不高，比较有趣且生动。但是，只有在这群人是经过精心选择的、具有高潜力机遇的合伙人的情况下，你才能真正指望他们带来商业上的持久影响力。挑选一些业务关系发展得非常迅速的客户关系合伙人（我们也建议贡献者结交这样的人士），同时得到他们的个人承诺，让他们带着为你的团队找到至少一名雄心勃勃的新成员的意愿加入团队。此外，每个人必须有备而来：参与者每人必须对其他人的特定客户进行研究（也就是说他们事先需要参与者的名单），而不仅仅是对自己的专业知识泛泛而谈。当所有参与者都为某个特定领域（如生命科学、自动化或高等教育）的客户服务时，这种活动会取得最好的成效，因为这样他们就能构建共享知识的天然内核。

你还可以利用以下三种方式来协助贡献者树立自身形象，帮助他们更方便地获得协作的好处。

- 设定首席客户合伙人迫切希望从当前贡献者团队里寻找新的团队成员的预期。为了帮助这些合伙人看到建设一支由高度敬业的、期望借此脱颖而出的专业人士构成的团队对客户的价值，可以列举这种方式成功发挥作用的具体案例，更好的方式是邀请成功案例的合伙人前来指导。随着时间的推移，要求合伙人提供具体业务的进展情况，从而强化你的这种期望，如果他们自身动力不足，那么请设立正式的业绩指标并强制实施。
- 做一名坦诚的中间人——积极提拔低调但实际业务突出的专业

人士。我所研究的一家公司的一位合伙人给我提供了这样一个例子，告诉我领导在委派员工时表现出的坦诚态度是如何帮助他提升对这些被推荐者的信心的。"他对我坦诚得令人难以置信。他曾说：'这里有三个人，以下是我对他们的看法。第一个人在客户面前表现得非常好，但是他不会卷起袖子努力工作，也不会像其他人那样专注细节。第二个人聪明、犀利而且勤奋，但是在社交上表现得比较笨拙。如果这项业务需要在周末和节假日工作的话，那么第三个人很可能不是合适的选择。'这种坦诚是非常重要的。"

- 为业务经理或其他业务拓展人员分配任务，让他们追踪在特定专业领域或地区具备可靠专业知识的贡献者。鼓励贡献者养成及时向业务拓展人员更新自己的重要项目动态的习惯（如有可能，这里可以更新的还包括来自客户或首席合伙人的业务推荐信息），同时鼓励首席合伙人寻找合适的贡献者扩充业务拓展的队伍。这个体系尤其适合在偏远地区找寻人才，同时也具备了突破熟人关系网的优势。此外，让一些知名的合伙人使用并传播它，是推广这个体系的最可靠的方式。

增强贡献者想客户所想的能力

为有抱负的协作者提供他们与客户展开并保持实质性对话所需的商业基础知识。研究表明，成年人获取的知识 10% 来自正式培训，20% 来自观察，70% 来自经验和试验。[12] 令人惊讶的是，即便那些大力投入初级专业人才培训的最优秀的公司往往也不太重视合伙人的正式培训。当然，它们会提供参加专业资格持续认证所需课程的途径，它们常常会邀请客座演讲嘉宾参加合伙人大会等年度活动。

但是有多少公司提供的项目聚焦于帮助合伙人开发"想客户所想"的能力和自信呢？

如果你领导的公司里很少有合伙人参加过正式的商业培训，那么为了让他们接触一些核心的商业理念，你可以对此做一些投入。你当然可以将这些项目委派给内部或外部经验丰富的学习与发展专家，但是这里还有几点值得注意。

首先，确保该项目能够让合伙人了解到与企业战略、财务、市场营销以及组织行为有关的基础概念。这种跨职能的知识十分重要，它能够让合伙人像客户一样思考，说出"我有一个商业问题"这样的话来，而不是按照学科分类将问题细分。

其次，由于这些项目的目标是让合伙人具备运用所学知识服务于他们客户的能力，因此参与者需要了解理论（以便从一种客户状况推广到其他状况）并且运用这些新的概念。哈佛法学院的斯科特·韦斯特福尔解释了为何律师的管理教育项目（executive education programs）需要建立在研究的基础上，而他的理由同样适用于其他专业领域："律师管理教育项目必须建立在研究基础上。律师天生具有质疑理论的精神，而逸事型的证据（anecdotal evidence）是世界上最有效的破除假设的工具。他们通过挑战假设而赢得了自己的地位，因此简化了经验知识的管理教育项目将会经受他们的考验。"[13]

再次，确保你的学习与发展专家在现实情节的设计上进行了大量投入，这样合伙人才有机会在低风险的培训项目中练习并运用这些知识。设计一个场景，让合伙人扮演客户经理人，这样合伙人便有机会在与客户的模拟对话中应用所学概念，并因此而受益，而扮演客户的合伙人则因学到了如何从客户视角考虑问题而受益。大多数成年人表示自己不喜欢角色扮演，但是来自管理者的反馈表明，这样的经历通常都是正式培训项目中最精彩的部分。

能力和自信同样也来自内部的支持和外部的接触。让我们重新来表述这个问题。"我不知道如何应对那些明显不是我的专长的客户问题。"一位贡献者如此告诉我。或是"我无法在我的核心知识范围和舒适区之外引导对话，而这正是需要协作的地方。"

集体叙事（tribal storytelling）是解决方案的一部分。贡献者需要学习其他人在面对压力和不确定性时是如何即兴表现的。我参加过一个会议，会上一家公司的管理合伙人讲述了一个颇有启发性的故事。他曾经从伦敦飞往亚洲，陪同一位税务合伙人与当地一个重点客户的首席执行官进行会谈。在喝完茶的十分钟之后，这位首席执行官断然表示，他没有税务咨询方面的需求，并且起身感谢了合伙人的到来。而这位管理合伙人以并不粗鲁但有力的方式打断了他。"我们来这里并非为了向您推销额外的税务咨询服务，"他告诉这位首席执行官，"相反我们是想了解您的业务需求。目前您最大的困惑是什么呢？"

这位首席执行官又坐了下来，坦率地表示他并不认为对方公司可以协助解决他最困惑的问题。实际上，他完全专注于如何让自己的企业继续运转的问题，因为邻国已经禁止出口可以让他们赢利的燃料。这位管理合伙人点头表示同情，继而建议这位首席执行官与他的几位合伙人谈一谈，这些合伙人具备了监管、国际贸易以及项目贷款方面的专业知识，他们"必将为此带来一些新的看法"。最后，这家律师事务所为该公司提供了一项高利润的长期合作项目，项目涉及多个业务小组和办公室的合伙人。

这其中有什么魔法在起作用吗？没有。这其中运用到了管理合伙人深层次的实质性知识吗？显然没有。这位管理合伙人最多对监管、贸易、金融和制造业有一点粗浅的了解。但他有足够的信心将这位首席执行官引导到其他具备了必要领域的专业知识的合伙人那里。这个故事对会议现场的初级员工产生了明显的影响。

为此，我在这里的建议是利用贵公司领导层中会讲故事的人来开展启发和激励的工作。如果你这么做了，请注意在一些组织文化乃至民族文化中，存在不愿意讲述这种故事的情况。例如，高级领导人会担心他们对同事的褒奖看上去好似偏袒。但是，这种行为的长远目标在于帮助每个人开发自己的故事。作为一名领导，你只需在你希望同事效仿的关键行为上做出表率。

最后，当你提供出面的机会让初级员工与合伙人一同出现在现场时，你便为他们提供了最强有力的学习机会。高层领导人通常会与客户进行高层之间的对话，如果你在这个过程中排斥进取新秀的参与，那么他们将永远不会有机会学习如何展开这样的对话。当我在麦肯锡约翰内斯堡公司工作时，我亲眼看到了优秀的领导者是如何提供接触客户的机会的。该公司的管理合伙人，乔恩·卡明斯（Jon Cummings）与该地区一家最大的公司的首席执行官有着紧密的合作。这位首席执行官习惯在深夜召开会议，与会者都是与他关系密切的顾问——包括一位投资银行家、战略顾问、公关专家以及其他一些人。乔恩常常带着我一起去，而那位银行家也会带着自己的员工参加。当与会大佬坐在内圈座位上对最新议题进行长时间讨论时，作为学徒的我们便乖乖地听着——从客户如何解读风云变幻的政治环境到如何婉转地表达与同行不一致的意见（或是在别人面前表达与客户的不同意见），我们学到了很多经验教训。接下来的一天或几天后，乔恩会与我碰面，回顾我们学到的内容。随着时间的推移，我可能会提出一些有价值的见解，但在大多数情况下他都会给我提供指导。如果你能够为初级员工创造这样的学习机会，你无疑能够提升贡献者想客户所想的能力。

让凳子上的老虎配合的人

前面所讨论的那些聚焦于高层领导者观点的内容，让我们可以顺利地过渡到第六章，第六章旨在讨论被我称为"指挥大师"的群体。你知道他们是谁：他们可以让老虎站在凳子上，并且让它们乐于成为表演的一分子。如我们之前提到的，这样的人在促进协作方面发挥着特别的作用。

那么接下来让我们考察并理解这个角色吧。

第六章

指挥大师的协作

第六章所针对的是被我称为指挥大师①的人士。和我们常常听到的"牧猫人"（cat herder）比起来，这个词听上去更有尊严，而且更适合作为描述专业服务公司的领导者。[1]

马戏团的指挥大师运营着演出工作，让老虎都待在自己的位置上。老虎意味着机遇和风险，它们能够保证指挥大师工作的挑战性和趣味性。没有老虎就不会有演出，因此指挥大师必须确保它们愿意表演，同时保证它们饿得够厉害，这样它们才能够保持注意力。

换句话说，薪酬是关键要素，而类似的情况必定也会出现在专业服务领域。如果协作如我所认为的那样是目标之一，那么公司的

① 这里"指挥大师"的原文为"ringmaster"，原意为马戏团的演出指挥。——译者注

薪酬体系则必须向着这个目标发展。然而就像许多有经验的领导者所了解的那样，为了激励明星员工以及其他所有对保证演出持续进行有重要作用的人，要付出的不仅仅是金钱。

让我们从前几章的核心前提开始：为客户提供综合性的、跨业务服务通常会带来一大批忠实且能带来丰厚利润的客户。然而，我们环顾周遭便会发现，一些合伙人显然协作得要比别人多得多。这种差距引起了一些明显的问题：一位合伙人承担有关协作的成本和风险的意愿是否与其所在公司支持性的薪酬体系有关？反之，其他专业人士消极怠工（缺乏协作意识）是否是因为他们缺少支持性的薪酬体系？一个特定公司的协作水平与其薪酬体系之间是否存在线性关联？

最后一个问题的答案是：并非完全如此。

诚然，一家公司的薪酬体系对合伙人行为的塑造起到了很大的作用，这或许也能够解释为何一些公司通常要比其他公司更具有协作性。[2] 但是这却无法解释同一家公司的合伙人在协作上的差异，因为他们（大抵）在同样的薪酬体系下工作。令人困惑的是，每个公司都拥有广泛的协作者群体，还包括那些可能会也可能不会为别人推荐工作的招财者，以及那些可能接受也可能不会接受这些工作的合伙人。

请看图 6-1。它描绘了一个典型公司的情况，其中三分之一的人员在我研究的过程中（持续了数年时间）向其他合伙人推荐工作的次数少于 10 次，而另外四分之一的合伙人在相同的时间内向他们的同事推荐工作的次数超过了 80 次。当我们进一步研究这些数字时，我们会看到"10 以下"小组里的很大一部分合伙人自己发起了很多项目，但他们大多独自忙于这些工作，并没有让其他合伙人参与进来。

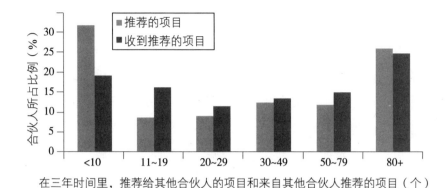

在三年时间里，推荐给其他合伙人的项目和来自其他合伙人推荐的项目（个）

图 6-1　合伙人工作推荐的范围和分布示意图

在收到工作推荐方面出现了平行分化的情况：有的合伙人能够非常频繁地收到工作推荐，而其他人收到推荐的频率则少于一年一次。这是为什么呢？如果薪酬体系是唯一或主要的行为驱动因素——那些能够让老虎待在自己凳子上的方法，我们是否会看到受到相同措施激励的合伙人产生更加同质化的行为呢？

另一个指向协作与薪酬体系薄弱关联的证据来自所谓因循守旧的公司（lockstepfirms），其中合伙人的薪酬完全取决于他们在组织中的任期。从逻辑上看，这样的体系无疑能够推动协作。由于合伙人的薪酬是公司整体利润的直接结果，因此每个人都应该尽可能积极地拓展自己的业务，同时也应该与公司里任何一个能最有效地发展客户关系的专家分享工作。

但是现实却非常不同。在我曾经合作过的一家因循守旧的公司里——让我们称它为三角洲联合公司（Delta Associates），合伙人的行为违背了经济学家有关人类作为一贯理性且狭隘自利的个体并不断追逐自身利益最大化（经济人）的理念。[3] 事实上，许多合伙人并没有为了优化客户体验并因此提升利润而跨越地域和业务边界共享自己的工作，相反，很多人将工作囤积在自己那儿。我对这家公司的重要国际客户的分析表明，一些客户负责人只会让自己所在办公室的合伙人和员工参与项目，即便这些专家并非适合这项工作的最佳人选。这样的行为无法用语言、文化障碍甚或为了客户而最小化差旅费用的想法来解释。在一些情况下，客户负责人是有机会让那些世界级专家参与进来的，这样的专家就在同一个国家，甚至驱车很快就能到达公司，然而他们并没有这么做。这样的后果是可以预测的：由于本地的遏制行为，与那些没有此种限制的客户关系相比，这些客户关系发展得更慢。

为什么会出现这些不合理的行为呢？答案为非预期后果法则 [①] 提供了一个有趣的解释。这家因循守旧的公司追踪了分公司层面的损益数据，并且用非常突出的方式在公司内部网络公布了这些数据。尽管那些为自己囤积工作的合伙人降低了公司的潜在收入——而他们也会因此减少自己在利润中的份额，他们还是会为了提高当地分公司同事的利用率和分公司的数据而囤积工作。换句话说，他们更喜欢拥有自己在高效的分公司工作的权力，而不希望通过协作获得更高的回报。理论上，这种薪酬体系是理想化的。然而在现实中，那些鼓励自私行为的指标严重破坏了这种理想的体系。

如果在同一家公司的相同薪酬体系下工作的人选择了不同的做法——这种做法有时会违背他们短期和长期的财务利益，那么很显然，在这种情况下金钱并不是影响行为的全部因素。实际上，大多数心理学家（以及越来越多的经济学家）都认为无论绩效指标是否

---

① 非预期后果（unintended consequences）：任何有特定目标的行为都会产生偏离意图的后果。这个概念由美国社会学家罗伯特·K. 默顿（Robert K. Merton）提出。——译者注

与薪酬相关联，它们都会对行为产生影响。"人类会根据他们所遵循的指标调整自己的行为，"杜克大学（Duke University）行为经济学家丹·阿里利（Dan Ariely）断言道，"你所评估的任何指标都会促使一个人优化他在这方面的分数。你评估什么就会得到什么。一目了然。"[4]

然而，即便精心设计的指标也可能适得其反，因为它们会以领导者意想不到的方式指导人们的行为。阿里利回忆了他在麻省理工学院担任教授时的一套特定指标是如何让他更多地关注教学评分，而非学院管理者所设想的最高目标：

这套指标利用一种复杂的教学评分公式来衡量我完成年度教学任务的能力。这种评分方式被用来跟踪各种维度上的表现，很快便演变成为了评分而评分的一种方式。尽管我很喜欢教学，但是我发现我用来与学生交流的时间变得更少了，因为我可以通过其他事情赢得更多分数。我开始想方设法地获取关键的高分。我的努力并不是为了获得更多的财富和快乐，而是为了优化自己的指标。我也不相信得到最高分就能提高教学效率。这不过是用来评价我的一种标准指标，因此我便努力在这方面表现得出色。

那么三角洲联合公司用分公司的利润指标跟踪并且测评业绩的方式有问题吗？我认为没有问题，因为从公司管理目标来看，领导者的确需要这样的信息。但我还想说的是，并非所有合伙人都需要这种信息。实际上，有些人在没有它的情况下会表现得更好。

当然，有些专业人士对这个看法表现出了犹豫、愤怒以及蔑视的态度。每次当我在专业服务公司有选择性地提出这个看法时，我都会听到一些反对的声音。"喂,"他们生气地说,"作为一名合伙人,我就是公司的主人!我有权了解这些信息。"

这可能有点道理,但也可能没有道理。接下来,我将探讨作为公司领导者的你可以用来分清透明度和信息过度消耗的界限的方式,这样你就能够充分了解情况,同时不会被那些数据所误导。

让我先简要地概述一下这些方法。为了培养合伙人之间的协作,你需要更多地专注于公司的业绩管理体系,而非公司的薪酬计划,同时应将这种体系视为改变和引导行为的重要杠杆。如果你打算将合伙人的一部分金钱奖励与协作(他们实现目标的方式)而非成果本身挂钩,那么你需要一种可靠且不烦琐的方式来衡量他们的行为,并让他们负起责任来。你需要一种无法博弈的却能发挥一定效力的系统。

没有一个系统可以用同一种方式影响所有合伙人的行为。聪慧独立的个体——就像我们在公司里看到的那些从独行侠专家、资深协作者到贡献者的群体一样,他们都倾向于自己做自己的事情。而事实上,他们这么做都是被自己公司的聪明领导者所鼓励的。同时,这里有三个办法可以让"指挥大师"影响协作的方向。首先是对协作的评估(我们到底期待怎样的目标,谁又可能很好地完成它们)。其次,则是薪酬:这是一个很重要,但又不是极其重要的要素,对此我提供了设计和实现它的方法。最后则是运用技术来促进协作。

让我们依次考察这三种方式。

绩效管理:评估协作

如我刚才所说的,为了实现组织目标所采取的任何衡量指标都是非常重要的。请明智地选择这些指标，这样你就有机会实现你的目标。如果在指标的选择上表现得不够明智，那么你最后得到的可能会与麻省理工学院对待他们的年轻教师的情况差不多：落入了非预期后果的境地。以下我会提供绩效管理系统评估的八个指导方针，帮助你判断它们到底是促进还是阻碍了协作。

找到你要在公司里评估的层级和团队

现有的组织体系可能会在很大程度上决定你将为谁设定这些指标。利润是如何分配的？薪酬体系是否偏向于奖励个人，或同时也奖励团队？公司是小团体化的，还是能够或者已经作为一个整体来运作了？

你或许会得出这样一个结论：颠覆公司的整个架构超出了你的权限范围，或者这对当前的你而言是很难翻越的一座高山。但是，如果你可以独辟蹊径，像戴维·梅斯特和其他人所提倡的那样，[5] 考虑为整个公司建立单一利润池（single profit pool）。麦肯锡、亿康先达以及苏利文-克伦威尔等顶尖公司的合伙人保证，他们公司的单一体系能够促进更多协作性的思考和行为。近年来，一些如安永会计师事务所（Ernst & Young）一样的公司已经采取了引人注目的行动来清除本地公司的利润。[6] 如果你的公司能够朝着这个方向迈进，那么你将大大增加奖励协作的可能。简言之，这就是去小团体化。

接下来，将你的专业人士安排到对核心客户意义重要的业务团队里去。毕竟，这些核心客户并不认为自己是"税务咨询服务的购买者"或"信息技术服务的消费者"，相反，他们认为自己是金融机构、零售商或酒店集团的管理者。这些行业部门是推动协作的关键因素，因为它可以让来自不同业务小组或职能部门的合伙人整合他们多样的专业知识，共同解决它们最复杂的跨专业问题。即便你出于汇报工作的考虑而选择让业务团队保持正式的组织结构（例如，部门负责人对来自其他业务团队的人员没有正式监管权），你还是必须给这种专注行业、面向市场的部门一些实权：例如你可以考虑让部门负责人为贡献者的薪酬提供意见（稍后我会对此做详细介绍）。

设定公司整体战略，为业务小组和个人提供指导，帮助他们设定自己的目标

我所说的"指导"，指的是你要提供的不仅仅是建议，但也不可以是直接的指令。和公司的整体策略被划分为越来越小的小块并下发的"串联"方式相比，这种方式更复杂也更耗费时间。

为什么还要采用这种方式呢？因为它能够确保团队的一致性，能够让团队成员履行承诺和获得支持，同时也能够让那些对自己的机遇有着最佳认知的人设定自己的目标。这也反映了高端公司里聪慧人群的一种现状：他们理解制度和指导的重要性，同时他们也想得到自治权，从而自主决定如何应用它。

那么怎样才能实现这种方式呢？通过全面的战略规划评估来判断从何处聚焦公司资源和关注重点。一个可靠的战略规划的价值绝大部分在于它能够指出哪里不用发展，有时还能够指出哪里可以减少人手。一旦你找到了目标领域和客户，请明确定义预期的成果。该领域或业务团队的负责人可以为团队设定宏观目标，而合伙人个体则可以为他们自己设定目标。

这听上去似乎相当简单。如果你已经破解了这个难题，那么恭喜你！但是我所访问的大多数公司都没能接近这个理想状态。例如，我最近与世界最大的专业服务公司的部门负责人进行了交谈。"假设

我是你们的一名员工，"我告诉那位高层人士，"如果我想了解能源部门在做些什么，那么我应该到哪里去，我又可以了解到什么？"她几乎用了 20 分钟才在她的文件夹里找到了相关文档，而她找到的文档已经过期九个月了。

在另一家我曾经合作过的公司里，领导者可以毫不费力地找到相关文档。但是当我阅读了来自每个层级的工作计划样本之后，我坦率地告诉他们："如果我是你，那么在年底的时候我完全无法了解到人们是否真正实现了自己的目标。"这种所谓的计划主要包括合伙人对自己在前一年取得的成就的夸夸其谈，以及一些含混不清的目标展望。如果你的目标没有办法满足 SMART 原则——具体（S）、可衡量（M）、可分配（A）、实际且可验证（R）、有明确截止日期（T），那么它们就无法为决策的制定提供明确的指引，也无法服务于需要优先安排行动的合伙人，或是那些让员工担负责任的领导。[7]

聚焦那些只能够通过协作才能实现的目标

换句话说，请确保你奖励的是"正确"的行为，而不是那些被称为高水平混球（或更糟）的人。设定目标，要求用协作作为它的部分实现方式，同时在实现的过程中避免出现不灵活或机械性的情况。

转移性支付（如那些由一个工作小组支付给另一个小组的工作佣金）具有一定的吸引力，但是它们通常被认为是一种笨重的工具。[8]由于这种方式不够灵活，而且有可能会出现过度回报或回报不足的情况，因此它们很少能够像预期的那样发挥作用。同样，机械性地计算具体的指标（例如推荐的次数或营私舞弊的次数），只会让人们觉得这是一款数字游戏。为了阻止这类问题的发生，你的公司需要双管齐下。首先，请务必奖励有效协作的成果，如客户满意率和留存率的提升，来自现有客户的收入及利润的增长，或是在目标领域赢得的新客户。例如，如果你设定了一个在知名度高的客户那里获得翻倍收入的目标，那么任何人都无法通过为现有的客户提供双倍的税务咨询服务来实现它；这个目标只有通过扩展跨地区或跨专业的关系才能实现。

其次，设定可以完全由合伙人的业务状态驱动的目标。一位工程公司的领导解释了这种实践原则："我们希望奖励那些解决了关键业务问题的人。例如，某个团队存在严重的内部矛盾，而其他大部分团队的客户参与度都很高。如果要求人人都能保持同样的标准，这可能会让每个人都回避带领表现较差的团队，所以我们需要根据他们的具体战略重点开发评价指标。"

你的公司是否有分支机构位于这样的地区，在这样的地区开发当地客户是一种不现实的事情？如果有，那么请将这些分支机构的协作目标聚焦于协助其他机构在本地工作的繁荣发展，并且对该项工作的成果给予与业务开发成果相同的高度重视。这再次说明好的衡量指标是视具体情况而言的。但是在恰当的指导和监督之下，这些具体的指标也能够支持公司实现更广泛协作的整体战略。

衡量协作相关的行为

为了确保目标的实现方式与协作文化的建设相一致，你还需要一些能够让合伙人为第三章、第四章和第五章所提及的非计费协作工作（如导师工作、知识分享、提供建议等）做出贡献的方法。以科尔尼管理咨询公司（A. T. Kearney）为例，它评估导师和学徒的方式是让他们通过公司的正式评估系统对彼此的成效进行互评。[9]

同样，一家律师事务所将"协作与团队合作"作为它所使用的平衡计分卡（Balanced Scorecard）①的七个指标的第一项，它用这个计分卡来评估合伙人的绩效，每个合伙人的绩效都会根据这个标准进行一年一度的评估。合伙人为了实现跨业务投标而进行知识分享的次数就是评估的关键数据之一。

该公司还有一种"感谢体系"，在这个体系中，合伙人可以将荣誉分配给那些协助他们变得更加成功的其他合伙人，这种"软指标"将为合伙人的绩效评估和薪酬评定提供依据。这种方式通常进行得十分缓慢，因此请对此保持一定的耐心。在该公司，人们一开始对此抱有怀疑态度，他们称之为"吉利豆"（jelly bean）②系统。只有首席执行官在公司年度合伙人大会上借助这个系统讲述了成功案例之后，该系统才得以被大家接受。这位首席执行官告诉我："从此我们再也没有听到过'吉利豆'这个字眼。"

综合运用这些方法有助于创建一种通用的语言体系，以及用于绩效考评、分红奖励和目标设定的明确参考点。它们巩固了当下被合伙人称为"感恩文化"的体系。该系统同时可以让公司的领导层在贯穿全年的业务流程中（而不是仅在薪酬审核期间），强化协作与知识共享的重要性。

请记住，当你想要强调特定行为时，尤其是在人们刚刚开始习惯这些行为方式的时候，用于评估的内容是非常关键的。这同样也

---

① 平衡计分卡：一种由哈佛大学教授罗伯特·卡普兰（Robert Kaplan）与诺兰诺顿研究院（Nolan Norton Institute）的戴维·诺顿（David Norton）提出的一种绩效评价体系，是一种超越传统财务量度的绩效评价模式，目前已经成为集团战略管理的工具之一。——译者注

② 吉利豆：一种软心豆粒糖，用来形容优柔寡断的人。——译者注

是一种鼓励人们在投资和回报之间出现差距时依然坚持正确道路的方式。在良好的行为变成根深蒂固的习惯之前，你必须鼓励人们继续在协作的道路上前行。如前面所讨论的那样，请务必将投入相关指标与产出相关指标结合，从而强调协作是一种实现其他重要目标的手段。

建立日常客户工作和目标之间的联系

这一点看上去是不言而喻的，但是很多公司都对此有着错误的认知。因此请确保客户的日常工作是合伙人"实际"工作的一部分，而非点缀。在通常情况下，客户的日常工作还包括服务客户的重大事件，如"主持会议"或"提供再教育培训"，但是这类事件都不是稳定且常规的事项，它们通常会屈服于生活压力。例如有人会这么说："客户要求我完成某件事，而这件事是可以收费的，我何乐而不为？"当然，这么做没什么错，但是这种做法具有协作性吗？会带来积聚效应吗？

如果你已经设定了明确的目标，而一位客户的确要求你完成某件事情，那么这里只有三种可能的响应方式：如果这件事已经与某个目标有关，那么请接受它；如果你能够诚实且有效地调整目标来完成这件事，那么也请接受它；如果这件事明显不在你的计划之内，那么请礼貌地拒绝。

避免那些无法让你完成协作目标的指标，尤其要避免那些与目标背道而驰的指标

如前文讨论的那样，在你希望协作的时候，采用支持个人主义的指标是一种愚蠢的做法。[10] 基于时间的指标同样也是有害的。越是

严格地根据时间来评定专业人士的绩效，那么与协作相关的成本就会显得越突出，而且明星员工更有可能得出这样的结论：他们本可以将协作所需的时间和精力更好地运用到自己的客户关系开发上。

斯坦福大学的教授杰弗里·普费弗（Jeffrey Pfeffer）和多伦多大学的桑福德·德沃（Sanford Devoe）认为，那些对自己时间的价值高度在意的人从古典音乐艺术中获得的快乐要比其他人少。这种观点与以下情况相关：即便合伙人有意愿为了心理上的回报（如自己与他人的紧密连接，或给公司带来的回报）而采取协作行动，然而计费时间（bilable-hours）目标带来的压力可能会削弱他们进行协作的内在动力。[11]

以时间为基础的指标同样违背了客户获得价格实惠、实用且个性的咨询服务的目标。"这太让人吃惊了，"一位客户告诉我，"年底，当我的律师向我表明要增加计费服务时间时，你都不知道我到底收到了多少份长达 50 页的备忘录。"所以，面向个人的以时间为基础的衡量指标通常都是不利于协作的，而且是反客户的。

建立并使用个性化的能力计算表格

这是我在麦肯锡工作期间学到的一种方法。长久以来，这种方法可以让人们发挥自己特别的优势——用麦肯锡独特的说法来说，这是一种"尖尖角"。首先，你可以请公司的职业发展负责人帮助合伙人定义他们的核心能力（大致五种或六种）——这些是他们在自己的岗位上取得成功的必要条件。其次，你（或团队负责人）可以和每一位合伙人坐下来沟通，就一两个他们会比其他人更加重视的问题达成共识。他们一般都必须满足所有能力要求的最低标准，与此同时，他们必须真正发展出一个或两个拔尖的技能。事实上，你这么做就可以让他们（或者推动他们）在自己的能力基础上继续发展。[12]

这是一种非常有效的支持协作的方法，因为它强调并且重视实现有效跨业务协作所需的各类角色，如那些有助整体发展的在专业知识上有突出表现的人就可以被合理地视为强大的贡献者。

通过技术手段来实现

一些全新的软件可以让绩效管理发挥更大的作用，即便不能让绩效管理变得有趣，也可以让它更受欢迎。客观经理人（Objective Manager）是我所了解的一款效果不错的软件，它的设计目的是"让你的员工和团队利用高效的目标设定软件创造最大价值"，同时"让员工的目标与你的商业规划和客户计划保持一致"。[13]

简而言之，这样的软件能够将目标设定在恰当的水平（人们可以真正实现的目标），并借此促进责任感和透明度的提升。在设定无误的情况下，它们能够奖励具体的目标并惩罚怠惰行为。和那些只写了"赢得更多业务"的人相比，使用至少 20 个字（例如"至少在中东地区发展三个价值均超过 50 万美元的商业地产新客户"）来描述期望成果的合伙人会得到一颗金星的奖励。猜猜接下来会发生什么？总的来说，目标质量最高的人更有可能坚持到最后，并且更有可能实现那些目标。

当然，这里还有一个因果关系的问题：那些用软件写下符合 SMART 原则目标的人，可能一开始就是较为强大且更有组织性的实践者。而关键在于，软件可以让其他同事看到他们的目标，以及他们在这些目标上的进展。由于其他人可以看到高业绩背后的某些"魔法"，该平台不需要花费任何更多的时间，就可以让明星员工激励他人，成为他人更好的榜样。

这种技术是这样发挥作用的：由于更新起来十分简便，合伙人可以通过智能手机这类设备跟进他们的计划，一旦某个合伙人向着目标取得了一定进展，他便可以发布一个简短的状态更新。这种工具让在线规划成为现实，呈现了合伙人工作日的部分情况，同时帮助人们牢记自己的目标。此外，团队里的其他人可以看到工作的进展，而这就好似上演一场激励人心的故事。通过近乎实时的更新，领导者能够看到让他们的意见发挥更大价值的地方——他们可以表彰成功者，也可以为表现不佳者提供帮助。这么做比等待季度或年度报告要高效得多吗？答案是：毋庸置疑。

优秀的软件也能够让合伙人了解到其他人的目标，这种透明度通常会带来协作机遇。例如，上文提到的以商业地产为目标的合伙人可以快速地在系统里进行搜索，了解是否还有其他人正在跟踪中东地区的客户，如果有，他便可以建议他们联合展开行动。当然，软件只能作为强大绩效管理系统的一部分来支持协作，但根据我的预测，它将和那些崛起的技术型专业人才一样变得不可或缺。

构建支持协作的薪酬体系

薪酬并不是协作的灵丹妙药，有时却是协作的破坏因素之一。换句话说，即便最优秀的薪酬体系也无法确保协作的产生，而一个设计不当的体系却能够对协作产生威胁。强调个人主义的反协作方式是薪酬体系带来危害的方式之一："我是团队里的明星；我背后的这些人只不过是后备力量。"糟糕的薪酬制度通常会奖励那些对公司文化有害，特别是对协作文化不利的人。同时，它也会让贡献者失去动力——就像我们看到的那样，这些人是对公司里呼风唤雨的招财者的成功具有重要意义的一群人。招财者自然是举足轻重的，但若没有团队协助他们，那么他们则无法创造任何成效。

糟糕的薪酬体系会导致人们囤积工作，并在他们参与协作的工作中争夺名誉（或经济奖励）。在较差的情况下，一个不公正的薪酬系统可以赶走重要的利润制造者——他们可能会带着自己的客户一起离开。而在最糟糕的情况下，公司会被迫与自己的竞争对手进行不如意的合并，甚至破产。[14]

因此，毫无疑问，薪酬制度非常重要。当收入低于市场平均水平时，合伙人或许还会带着一丝衷心在公司继续工作一段时间，然而如果这个差距变得相当大，他们则很有可能会离开。很明显，领导者需要满足招财者的需求——一是出于象征性的原因，二是为了满足个人的经济需求。一位合伙人如此说道："总而言之，只有薪酬才是晴雨表。薪酬可以带来激励，它可以传达信息，表达文化。这是一种我们所使用的语言，是我们了解自己被重视的方法。通过获得报酬的方式以及任何用来衡量薪酬的指标，我们可以洞察一切。"[15]

这种说法听上去只和钱有关：总而言之一切在于薪酬。但是请注意最后的限定词：这实际上与薪酬背后的指标有关。这让我们回到了前面所说的绩效评估技术，以及前面几章提到的那些非经济性的激励。人们远非为了金钱而工作，而这就带来了以智力协作为策略创建公司的机遇。此外，薪酬通过鼓励和不支持的行为塑造了公司的协作文化。如果一家公司对帮助拓宽和深化客户关系的贡献者给予了优厚的报酬，相反却没有为那些花时间开发新的本地客户的贡献者提供同样的待遇，那么这已经充分说明了领导者对协作的重视程度。

我在这里提出的观点与弗雷德里克·赫茨伯格（Frederick

Herzberg）[①]的经典激励理论是一致的——该理论最初来自对工程师和会计师的研究，它将薪酬描述为一种管理者必须妥善处理的"保健因素"（hygiene factor），但它本身并不是一种可以驱动积极性的因素。"额外待遇、豪华办公室甚至加薪或升职都无法带来积极性，"赫茨伯格如是说，"这些外部刺激或许能够激励人们埋头苦干，但是他们很可能只会在下次加薪或升职之前如此表现一下。"[16]

在我看来，这个世界上的每个公司的领导都会认同以下说法：改变薪酬体系是一家专业服务公司能够做出的最困难、最具危险性的决策之一。不论他们采取怎样的措施，总会有输家和赢家。[17]因此只有在万不得已的情况下才在最必要的地方进行深入的改造。在你进行任何彻底的改革之前，请先检查一下你的薪酬体系是否具备了以下三个原则。

只有在作为评价一个人的价值的唯一方式时，薪酬才是最重要的

在我服务过的一家公司里，绝大多数咨询师的个人电脑桌面上都会有一个 Excel（由微软公司编写的一款电子表格软件）电子表格快捷方式，当他们每完成一项新交易，他们都会打开这个表格。这个表格可以将他们的预期红利精确地计算到每一分钱。这让首席执行官沮丧不已，因为这样一来，他便没有多少余地去调整薪酬并鼓励良好行为了。然而这对不断更新那些表格的人来说也没有太多好处。一位合伙人告诉我："这里简直是个毒蛇坑。跟踪表格是唯一可

---

① 弗雷德里克·赫茨伯格（1923—2000 年）：美国心理学家，管理理论家，行为科学家，双因素理论创始人。

以给我进步感的东西，因为这里没有反馈，我们没有其他向前发展的方式，也无从得知领导是否喜欢我们。这就好似你从来都没有对自己的孩子表现出爱意，因此他们不仅会清点你发给他们的曲奇饼干，还会细数上面的巧克力碎片。"

相反，最优秀的公司则会提供大量心理和社交上的奖励。这些奖励没有任何形式上的限制，例如对杰出客户服务或公司建设计划的认可，正式和非正式的反馈（即使对合伙人也是如此），代表公司或业务团队出席外部重大场合的机会，越来越有意思和挑战性的客户项目，以及一个让人们感到自豪的品牌。在那些重视这类奖励的公司里，薪酬依然十分重要，但是人们对薪酬的关注度远远低于那些只在意工资"数字"的公司。

过分强调业务的开发不利于协作

通常，专业公司的薪酬体系给协作带来的困难源自其对销售工作而非客户业务工作的巨额奖励。在我之前所说的情况下，这意味着在过度奖励独行侠专家的同时贬低了贡献者的价值。擅长客户开发和赢得新业务的专业人士通常（而且在大多数情况下）都是公司里最著名的人士：没有他们，就没有可以服务的客户。但是如果这一点被过度强调的话，协作也会受到影响。

一些公司用类似佣金的系统奖励招财者，这样合伙人可以得到占总销售额一定百分比的回报（这被生动地称为"自给自足"系统）。其他公司则采用一种分层体系——一个人带来的收益越多，那么这个人得到的回报所占的百分比就越高。透明度是这种薪酬模式的一种优势，因为人们能够明确地了解他们需要做的事情及相应的回报。但是这同样也会阻碍协作，因为如果邀请其他合伙人来协助完成一项业务，那么专业人士必须分享他们的佣金。一位房地产中介曾经告诉我："佣金系统阻碍了协作，因为如果变得贪婪，我就可以赚到比分享业务更多的钱。"

和完成销售业务相比，开发新业务则更加困难，风险更大，同时也更耗时，因此对它进行相应的奖励通常是有意义的。由于公司之间对招财者的竞争越来越激烈，它们愈发倾向于用高于普通合伙人的标准来奖励招财者，支付给这些人的薪水远远高于最低工资。这是一种很难打破的平衡，如果公司没有保持好这种平衡，那么专业人士便不会为了完成他人开发的业务而贡献自己的专业知识。

在这种系统的一个极端版本中，最初开发业务的合伙人得到了永久的佣金。巴西的一家知名律师事务所马托斯费洛（Mattos Filho）不久前还在使用这样的一套系统。[18]起初，作为一种激励创始合伙人为这家刚刚起步的公司带来营业收入的方式，这项方针是有意义的。然而随着公司的发展，很多年轻的合伙人感到自己与这个系统格格不入，因为他们很少有机会为公司引进新客户。"当我开始在这个部门工作时，我找到的所有客户都已经是其他人的客户了，"一位年轻的合伙人表示，"而问题在于，那位'客户所有者'合伙人根本不了解这些客户。他们过去曾做过一些工作，但是他与客户并没有保持持续的联系。"

我已经鼓励你们尽可能避免薪酬领域的根治性方案。但是马托斯费洛的领导则认为他们的情况是个例外（我相信他们是对的）。为此他们对系统采取了大规模的改造，他们移除了公式化的"自给自足"方式，采用了一种结合了基于成果的客观绩效指标和薪酬委员会主观评价的新方法。系统的改革是艰难的、耗时的，并且是有风险的。一些立场鲜明的合伙人坚持认为这种改革会因为一个竞争对手而影响全局。尽管如此，该公司的管理合伙人罗伯托·基罗加（Roberto Quiroga）表示，通过系统改革，公司最终实现了更加具有协作性的企业文化的目标。此外，这还让该公司雇到了一些高资历的横向跳槽人员。2015 年，在钱伯斯（Chambers）发布的地区律师事务所排名研究报告中，马托斯费洛被评定为拉丁美洲最佳律师事务所。

如果你的公司需要重新平衡独行侠专家和贡献者的回报，但是又不愿意采取马托斯费洛那样激烈的方式，你还有如下一些可选的方式。首先，你或许可以限制开创业务的功劳的有效期限，或者以合伙人是否实质性地持续参与了该业务为依据来决定此人是否可以继续享有这份功劳。其次，你可以"重复计算"开创业务的功劳：如果一个项目价值 100 分，那么你不必将其拆为两个 50 分，你可以直接给他们每个人 100 分。我知道这看上去像是在做假账，但最终公司只会根据实际产生的利润来支付报酬，对吗？答案是肯定的。而这种重复计算的不同之处在于那些广泛协作的人将得到高于"孤独猎手"的回报。如前文所述，和年薪相比，评估指标更加能够推动日常行为的改变，因此这种不分享功劳的方式会带来心理上的重大差异。

最后，你或许可以用"充值"基金让人们更易于接受那种为了给"别人的"客户提供优质服务而进行投入的行为。[19] 例如，一些公司设立了基金池，合伙人可以从中提取资金来奖励那些投入全球客户建设工作的同事。当然，这种奖励通常不会像业务开创奖励那样极大地提升薪酬。但"充值"基金却会让人们更乐于"只做"贡献，减少用于心理算计的时间，同时抵消贡献者的那种在别人祭坛上牺牲自我的感觉。"充值"基金还能够传达为高质量客户服务做贡献的重要性和价值所在。

等效薪酬比纯粹的工资更重要

科学向我们展示了等效薪酬有时带来的反直觉影响力。简言之，一个人对自己财务状况的满意程度并非来自她所赚到的钱，而在于她与被自己视为同辈的人相比到底赚了多少钱。一项研究表明，年收入 4 万美元，并且知道自己的同辈收入为 3.5 万美元的人要比那些年收入 5 万美元，同时知道自己的同辈收入为 6 万美元的人要快乐得多。[20] 著名的僧帽猴（Capuchin monkeys）研究表明，即使灵长类动物都拥有很强烈的正义感：如果它们因为完成一项任务而得到了黄瓜，但另外一个同类在完成同样的任务后得到了一串葡萄（更高的奖励），那么得到黄瓜的僧帽猴便会勃然大怒。[21]

同样，在薪酬差异巨大的情况下，保证每个合伙人都满意是极其困难的。以法律行业为例，2014 年，美国普通律师事务所合伙人最高收入和最低收入之间的差异达到了 10：1，而在有些公司，这个差异惊人地高达 23：1。[22] 这些数字意味着：如果你是后者那种公司的一名普通合伙人，并且看到了这种差距，那么你很快便会意识到自己要花五个月的时间才能赚到大厅那头大办公室里的明星员工一个星期的收入。

因此，合伙人薪酬的透明度有利也有弊。一方面，透明度的理念十分具有吸引力，因为它证明领导人没有什么可隐瞒的。另一方面，完全的透明度从来没有在成功的专业机构里落户。领导者需要自由裁定权，例如代表公司奖励那些优异但无法量化的工作；为失去挚爱的悲痛影响了业绩的有价值的合伙人分配工资；或是在一位合伙人牺牲自己的本地业务，前往某个风险较高但对公司意义重大的地区开创新的分公司之后，让他重新接手原先的工作。

为了促进协作，公司应该在哪些方面体现与薪酬相关的透明度呢？我认为最佳的答案是一个选择性开放的封闭系统。为什么是封闭的呢？"封闭系统的优势在于，"一家备受尊崇的薪酬咨询公司的报告显示，"它能够持续不断地带来更高的士气、更强大的团队协作以及更高的薪酬满意度。"[23]

理查德·罗森鲍姆（Richard Rosenbaum），格林博格律师行的首席执行官，曾经强烈支持他的公司的黑匣子系统："这让我们能够在许多不同地区和业务领域开展大规模工作，而不用顾及政治斗争和股东之间明显的竞争。这是对我的公司文化的重要补充，它能够让我们做出对市场有意义的决策。"[24]

另外，你至少需要根据需求或按要求提供一些有用的数据。已经朝着这个方向发展的公司发现这里存在一个可以预测的"断奶期"（weaning period）。在最初的一两年内，不少合伙人都想要了解数据。但是一旦他们相信公司薪酬体系的运作是合理且公平的，他们就不会觉得自己必须要监督这个系统了。实际上，他们已经变成了你所希望的样子：他们信赖你和系统，同时能够保持工作状态。

调整薪酬体系

假如你认定你必须改革薪酬系统，那么你可以牢记以下几点秘诀。

理解这种昂贵举措的代价，并为此做出规划

詹姆斯·巴伦（James Baron）和戴维·克雷普斯（David Kreps）这两位杰出的教授将薪酬体系改革的代价归纳成"转换成本"

（switching cost）与"合理化成本"（legitimation cost）。[25]

顾名思义，转换成本包括所有与组织改造过程相关的财务和其他成本。例如，我的学生常常会在课堂上指出，我们所讨论的公司将会从薪酬系统中获益，这种系统以项目的赢利能力而非收入情况为依据来奖励咨询师。这种系统通常会认可开发、配置和运作会计系统所需的成本，并能够精确地抓取到计算这些指标所需的具体数据。

然而，未来在培训员工方面产生的成本，维护系统并保持其与遗留项目的关联，根据这些数据制作并解读报表，为其他人提供反馈意见，利用数据来制定决策等，这些都是他们在这种方式中没有考虑到的。我曾经计算过一家公司为了实施一个稍有不同的薪酬体系所必须采取的后续行动，这样的行动有 22 种。当你们开始这样尝试的时候，请记住：转换成本一定会非常高。

合理化成本看上去并不是实质性的，但它同样重要。薪酬体系的改革可能会被认为与组织规范相错位，特别是当这些改革会破坏现有等级制度时，因此这有可能会要求领导者为了让这些工作变得合情合理而付出极大的努力。尽管这么做的代价无法量化，但它们也是实际存在的。

利用一整年时间进行过渡，从而让员工深化对系统的理解，并对它产生进一步的信赖

在改革公司的薪酬体系时，马托斯费洛的领导正是这么做的。为了尽量减少过渡的影响，提高员工的认同感，公司执行委员会同意在新系统中为每个员工安排合适的位置，员工可以自行选择他们的薪酬是与前一年的水准持平，还是与前三年的平均水准相同。这

种方式确保没有人会立即在新规则下受到处罚，它为合伙人预留了至少一年的时间去学习新的行为，并且达到新的绩效标准。

部署协作技术平台

之前我曾经提到过技术在绩效评估上的运用。现在让我们来看看如何利用技术去影响更广泛的协作问题吧。

打造一个技术平台，帮助合伙人与合适的机遇和资讯建立连接，通过这种方式，你可以减少很多贡献者更多地参与跨业务和跨地域协作的障碍。一项研究估测，对专业服务公司而言，这种系统带来的好处有 98% 源自协作水平的提升——这与其他行业的情况非常不同，这些行业的好处来自其他方面，如消费者洞察或市场营销。[26]

技术平台并不是一种孤立的解决方案。例如上述的绩效管理系统，如果没有领导的支持，没有公司文化在一定程度上的转变，以及其他活动的紧密配合，那么即便最优秀的技术平台最终也会失败。但是已经有越来越多的专业服务公司成功地建立并维护着内部信息技术系统，这些系统模仿了流行的社交网络应用，不仅降低了协作成本，同时也增强了协作带来的好处。

那么协作技术平台（CTP）到底是什么呢？让我们先来看一下下面的例子。就在一场富有见解的客户会议之后，合伙人莫妮卡（Monica）拿出了自己的手机，拍下了一段关于她刚刚在会上了解到的内容的 30 秒自拍视频。她将这段视频发布在了她的平台账号或业务团队的页面上，这样这个新帖子的标题便会出现在所有团队成员的屏幕上。那天晚些时候，为了了解最新情况，他们会观看这段视频，并且以莫妮卡的见解作为依据。

通过传统的知识管理系统，莫妮卡可能要等到项目完成（如果有可能的话）才能"整理关键要点。"对此，我们是否有替代方案呢？或许为了获取及时的反馈信息，莫妮卡会给她的队友发电子邮件。但是让我们回到现实中：这种不间断的沟通很少被纳入专业服务公司的标准操作流程。此外，即便这种情况属实，电子邮件也有可能会被埋没。让我们回想一下此前提到的目的性讲故事法。你是否收到过和一段"说得过去"的自拍视频一样生动且信息量丰富的电子邮件？即便通过小小的手机来观看视频，人们还是会喜欢这样的个人沟通方式。

或许协作技术平台与传统知识管理系统的最大差异在于前者和脸书（Facebook）、推特（Twitter）等平台一样，是"社交化"的：它能够直接将每个人相互连接起来，让他们能够与其他人在线交互。优秀的协作技术平台的内容不是由网站编辑或数据库管理员策划的，相反，平台允许用户自己添加或修改内容。他们可以评论或回复他人的内容，评价或转发现有内容（例如"点赞"），也可以下载或传播内容，同时进行实时交互。

那么从协作的角度来看，这样做的结果如何呢？这里有一些引人注目的成果：人们可以用相当快的方法找到合适的专家，帮助员工提升他们的潜力，同时通过民主化的方式获得公司的知识资源和机遇。

或许这听起来对你来说像一种危险的主张——一种对核心数据流完全丧失控制的建议。

是的，这里的确存在一些风险，其中最大的风险在于你可能会大量投资于一个无人愿意使用的糟糕系统（关于这个话题我们会在后文详细讨论）。其他的风险，例如客户的机密和数据安全风险，则是实际存在的，但总的来说，它们都是可控的。忽略它们吧——放松对数据流的控制，实际上这样做的风险反而是最小的。你必须相信你的年轻聪慧的领导者是有责任感的，他们对于哪些信息该放在哪里有着非常敏锐的直觉。而事实也是如此，你放任不管的做法正是协作技术平台发挥自身潜力所必需的。

协作技术平台是如何帮助减少协作障碍的

前几章已经提到，能力信任常常会妨碍协作。一名客户负责人或许会在是否要将未经考验的同事引进团队这个问题上犹豫不决，因为他对他们的工作质量和响应能力持有怀疑态度，或者对此一无所知。一个有效的协作技术平台不仅能够让这位合伙人了解到这些同事自认为精通的专业领域——这些全都能够在传统的知识管理系统中找到，也能够让这位合伙人对他们的资质进行审核，他可以查看他们撰写的内容，以及他们在不同的客户项目中所担任的职责。

这个系统的透明度同样让人们难以过分夸大自己的贡献。一位年轻的合伙人这样说道："我可以声称我是数字化转型方面的意见领袖，但是在该公司的协作技术平台上，人们实际上可以去查看我的表现，他们可以说'啊，她曾经参与过那个讨论，她是这些团队的一分子，让我看看她都写了什么又收藏了哪些内容——这些才是可靠的。'"

客户负责人或许也可以通过查看潜在团队成员回答问题的及时性和熟练程度来了解他们的响应能力。最终，这个平台起到了被动转诊网络（passive referral network）的作用。人们可以在此了解到谁和谁一起工作过，以及那些"喜欢"或认可他们工作的人。当然，在大多数情况下，这个平台只是协作的起点。接下来，合伙人将拿起手机对潜在的团队成员进行评估。寻找值得信赖的合伙人的这种便捷性显著地降低了协作的主要困难。

从其他方面来看，协作技术平台同样能够帮助潜在的贡献者了解向他推荐工作的客户负责人。这位合伙人是否能够有效运营团队，能否带给他带来机遇和声望？她可以查看合伙人对平台的贡献记录和反馈信息，以及合伙人在成功项目中对他人（特别是下级员工）参与的认可情况，等等。

低效是另一个常被提及的协作障碍。太多人参与会导致重复劳动和缓慢的决策制定过程。但是当团队采用协作技术平台时，团队成员的行动、决策以及动态往往变得透明，并且可以被搜索到。团队成员更容易获知并理解项目的进展。这反过来也可以让团队成员明确地将自己的沟通对象控制在他们必须了解的那些人之中。与此同时，团队成员可以在项目记录中自由获取这些沟通信息，这样有助于减少那种回复所有人的，用于"开脱责任"的行为。一位团队成员这样说道："平台提供了更好的选择及过滤功能。如果你参加了十个项目小组，你必须了解项目的进展，因此全部十个小组在发送邮件时都会给你抄送一份。而你或许只需要查看来自每个小组的一到两份邮件，但是没有人会去考虑邮件收件人的这种需求。如果它们的确这么做了，它们也是以类似开脱责任的方式完成的。但是在一个社交化的平台上，人们可以过滤信息。在需要的时候，你随时可以获得相关信息。因为这个平台条理清晰，为了获得相关信息，你可能需要更多的沟通。"

协作技术平台得益于协作的组成群体

让我们从第三章、第四章、第五章里提到的协作参与群体的视角来考察人们对协作技术平台的另一种偏见。

例如，你公司里的高级专家——你的导师可能会担心协作技术平台让他们变得更容易被找到，这样他们将被各种专业知识诉求所淹没。实际上，在很多情况下事实却是相反的。一位合伙人指出，他所在公司的社交平台实际上让他变得更加高效了，因为他突然以一种全新的方式变得"伸缩自如"。他说："此前我必须为了各种基本的请求出现在现场，而现在——在我们推出协作技术平台不到一年的时间里——人们总是可以通过我的视频和帖子找到我，而且这些资源十分易于检索和使用。这样，在无须打扰我的情况下，大多数低端问题都可以得到解答，这样我就可以更加专注于自己的工作。"

同样的道理，说服你们收入最高的合伙人——那些拥有最大客户项目的人的最简单的方式就是使用协作技术平台，让他们了解到该平台可以如何帮助他们减少巨大的行政管理负担。那么协作技术平台将如何在这方面发挥作用呢？它可以成为各种客户信息的自助存储库，团队的新成员或潜在成员可以被引导至该存储库，从而快速了解相关情况。

建立这个平台的目的是提升效率和更广泛地分享专业知识。在最近的一份有关协作技术平台的报告里，麦肯锡指出：

今天，大量相关企业的知识被锁在了电子邮件收件箱里。如果更多的企业信息可以被检索和获取，而不是被当作"暗物质"一样被锁在收件箱里，那么员工不仅能够节省写邮件、读邮件和回邮件的时间，同时也能够省下搜索内容和专业资源的时间。根据我们的预测，员工用来交互的电子邮件总量可以减少 25%，从而为更有成效的活动腾出 7%~8% 的工作时间。由于内部知识和信息在社交媒体上变得更易获取，一名典型的交互型员工可以减少高达 35% 的信息检索时间，这样他就可以为其他工作腾出 6% 的工作时间。[27]

那么独行侠专家和资深协作者的情况如何呢？如我们已经看到的那样，这些群体中的许多人都发现，单单是了解和寻找公司的专业资源都成了协作的巨大挑战之一。一个实施得当的协作技术平台能够在这方面提供很大的帮助。一位公司领导这样告诉我：

我们在德国的一位咨询师需要为我们的一位客户寻找具备特定编程经验的人员，而且他们必须说德语。一开始，他试着询问了所有的德国联系人，他打了很多电话，却一无所获。为此他在专注保险客户的内部论坛发了一些信息。在伦敦的某个同事接续了这个任务并推荐了西海岸（West Coast）的一个人，此人恰巧认识两个正在德国并且可能会提供帮助的人。整个过程共耗时 16 分钟。

第五章讨论的贡献者同样会因为协作技术平台而获益匪浅。技术可以帮助他们完成了解具体客户和潜在合伙人的工作。协作技术平台同样可以让贡献者更容易响应信息请求并且树立自己的声誉。

最后，一个强大的协作技术平台同样有助于提升协作者与客户交流复杂问题的技能。回想一下作为激发和灌输信心的讲故事的方式。一个优秀的协作技术平台可以让这种讲故事的方法变得更具系统性：人们可以相互了解他人的"第一手"成功案例——至少在虚拟意义上，和来自总部"灌装好"的版本相比，协作技术平台是人们更加信赖的模式。还记得前文提到的莫妮卡的视频的例子吗？想象一下这类成功故事的持续影响吧，特别是在你的千禧一代员工开始服务更重要的客户，并且发现自己需要提升信心的时候。

人们会使用这个平台吗

或许你正是曾经投资建设知识管理系统或客户关系管理数据库，并最终发现这样的系统收集了一堆虚拟垃圾的公司领导之一。如果是这样，你或许应该问问自己，人们会真正使用技术协作平台吗？

在大多数情况下，这个答案都是肯定的。一位曾经在这两个方面都有过直接经验的管理者对此解释道："一个传统的知识管理系统是静态的、匿名的。它要求人们用自己的宝贵时间为数据库填充内容，只是为了某些未知的人在某个时刻需要这些信息，以防万一。而协作平台则可以让一些人对那些需要一项具体建议的某个具体的人（如一位同事）做出即时回复，这是一种更能调动大家积极性的方式。"

换句话说，和"以防万一"的回复相比，我们从"即时回复"中得到的满足感要更高。后者能够提升价值，而前者只是为了规避责任。

除非你是一位相对不太平常的，在私人生活中就已经接受了社交媒体的公司高层领导，你或许会认为你的那些真正资深（暗指"年长"）的合伙人中几乎不可能有人会接受甚或理解协作技术平台共享信息的方式。请记住：你推出该项目的方式会让人们对它的接纳度产生重大影响。如果方式正确，你便可以期望所有年龄的不同层级的专业人士都支持这个系统。

或许一家知名的专业服务公司推出协作技术平台的特殊案例可以很好地说明这一点。我们的主角是普华永道：一家雇员总数超过18万、在157个国家提供服务的国际性会计咨询公司。对于这种遍布于如此多地点的密集型知识业务而言，在全球客户对整合型无缝服务的期待下，顺畅且有效的数字化协作则显得十分关键。

2010 年，一组负责全球知识管理的国际合伙人，帮助普华永道定义了明确的目标："提供一个通用的社交网络和协作平台，加速彼此协作和沟通的能力，为自己和客户创造价值。"设定这个目标的最终成果是"火花"（Spark）系统的发布，这是一个被广泛接受的全球化社交与协作网络。[28]

"在该系统发布的最初 10 个月里，我们获得了 10 万名活跃用户，"普华永道全球知识主管葆拉·扬（Paula Young）表示，"平均每天我们会有 150 万次页面访问量。"该公司是如何让火花系统得到如此广泛的接纳度的？扬女士指出了她的团队做出的四个关键决定：

- **放弃对设计环节的控制。**后来成为普华永道主席的丹尼斯·纳利（Dennis Nally）坚持让用户而非任何职能部门来设计和控制这个系统。"这样我便彻底放弃了控制，"扬女士表示，"我们没有任何管理小组。我们实际上并不知道人们会怎样使用这个平台，或许他们自己对此也不太清楚。我们希望进行尝试，并且聆听、学习和迭代。"
- **找富有激情的合伙人。**该团队明白，选择合适的初始化团队进行合作是非常重要的，这样它们能够分享成功案例，有助于促进未来人们接纳该系统。"我们并不总是选择普华永道最具战略观点的那部分人来推广火花系统，"扬解释道，"相反，我们会去找富有激情的合伙人，这些合伙人对他们自认为能得到的价值，以及哪些人一开始就对成功有着热切的期盼有着清晰的认识。"
- **为本地倡议人赋权。**来自普华永道规模最大的 21 个公司的首席执行官每个人选择了一位本地领袖作为他们的"火花本地倡议人"。公司允许每个倡议人选择在各自国家发布火花系统的方式和时间，并且让他们从现有的工具包里挑选合适的材料。例如，瑞士"火花本地倡议人"并没有立即发布火花系统，相反，他们决定在本地新任主席的任命仪式上宣布它。他们同时将领导力沟通和内部网络一同转移到火花系统中。瑞士地区的火花系统在几天时间内实现了 90% 的接纳度，并且这个数字很快便达到了 100%。

- **挖掘各级"拥护者"。**"火花本地倡议人"的任务是在本地促进人们对该系统的接纳，但是，扬女士回忆道："我们还需要一群当地志愿者加入当地的团队、部门和关系网络。"

"火花拥护项目"便应运而生。它的目标是让那些懂技术、有热情、思维开放的人参与进来，他们乐于接受这个系统，并且希望改进这个系统。"他们是分布在机构各个部门的本地人员，有的来自楼下的值班室，有的是采购部的活跃人物，诸如此类，"扬解释道，"你常常可以看到他们——正是那些热情地向你推荐最新手机应用的人。"

扬邀请这些人在其他人尚未接触之前参与系统测试工作。他们的反响令人惊异。据扬回忆："不仅大多数人都表示拥护该系统，他们还邀请了自己的朋友、同事以及熟人一起注册。到系统上线之时，我们的火花系统已经拥有了一个超过 300 名'拥护者'，而且每周都有超过 100 名志愿者加入。"

在系统发布的七个月时间里，火花系统已经得到了 900 名这样的拥护者；在随后不到两年的时间里，火花系统在 95 个国家发展了 1 800 名拥护者。

———————

现在，让我们回到本源问题——这个系统是成功了，还是失败了？令人欣喜的是，火花系统获得了成功。在最近的 30 天里，在该公司 157 个地区中的 135 个地区，有 79.2% 的人使用了该系统。往前推 90 天，这个数字惊人地上升到了公司员工总数的 95.5%。是的，如果你以恰当的方式建设这个系统，人们将愿意使用它，因此也会进一步促进协作。

从侧面看协作

在第六章中，我们用大量篇幅讨论了薪酬，现在我将迈出有些突兀的一步，在第七章进入一个不同的领域，在这个领域中协作才是当下和未来的潮流，而薪酬则明显成为次要的考虑因素。

这个领域就是精英医学研究领域，它的管理者通常是终身教职员或预聘终身教职员。这些研究者的薪水由大学薪酬体系中心来控制，因此他们的薪酬提升空间不高，同时没有任何分红。那么在这种约束性的环境下，如何才能促进协作呢？

从这个看似和商业及专业服务领域毫不相关的领域所得到的收获，可能会让你大吃一惊。

第七章

从侧面看协作

有时，探索一个复杂的商业问题，或是任何与之有关的复杂问题的最佳方式就是从侧面来考察它。我所指的侧面，是正面解决方案之外的其他方式。我们能够用我们的间接视力（peripheral vision）和训练过的本能看待这个问题吗？是否有什么类比或隐喻可以有效表达我们的探索过程呢？

回到数年前，我发现自己提出过这种有关协作的问题。前几章所说的机遇和挑战是否也在人类所从事的其他领域里发挥过作用呢？是否还有其他领域存在大致相仿的独行侠专家、资深协作者、贡献者及指挥大师呢？我们是否能从这个领域学到点什么呢？

事实证明，答案是肯定的。当我开始提出这些问题时，我还在波士顿工作，除了教育，这里的另一个主要产业是广义上的医学。[1]

不足为奇的是，当我开始寻找新的证据来补充我对专业服务公司一贯的研究时，我转向了医学研究机构。很快，我发现了一个似乎有望成为侧面研究目标的机构：丹娜法伯癌症研究院（Dana-Farber Cancer Institute）。[2]

背景：非常不同，但也具有很大的相似之处

对丹娜法伯领导者促进协作的努力的深入研究，让我们可以在本章最后为专业服务公司提炼出全面的经验教训。当然，首先你或许需要这个研究案例的一些背景资料。

专业服务大师戴维·梅斯特主张在知识产业中发展统一的、"全球一体化"（one-firm firm）的企业文化，从而获取来自合伙人的价值（这些合伙人为了实现集体的卓越表现而一致努力着）。他断言，其中的关键在于"低调的明星员工"。[3]这些年来，一些机构遵循梅斯特的方法，无疑还有他们自己的直觉，采取了一些广为人知的手段将聚光灯从个人明星身上移开。明星员工的作用有时候很微妙：在一定程度上，明星员工给他们的公司带来了光彩和声誉；然而一旦超过某种程度，他们便会极大地占据沟通话语权，同时也无法集中精力完成公司的实际工作。具有强大文化背景的机构（如哈佛商学院和麦肯锡）有时会避免雇用或留存那些最大牌的员工，因为在理论上，这种强大个人的存在可能会减损公司的主导文化。

尽管如此，我所研究过的很多知识密集型机构容忍甚至助长了这样一种"明星文化"，它们这么做主要是出于一种令人信服的理由：明星员工是公司声誉的重要来源。这在某些特定行业或是公司发展的特定阶段尤其如此。"在工程行业或咨询行业，"来自我的网

络论坛的一位贡献者表示，"在开展新业务或推动现有业务达到临界质量或'蓝筹股'状态时，偶像型员工通常都是非常关键的。业务或服务领域里的一组偶像型员工可以产生转型效应。"[4]

同样，在会计等专业服务领域，公司常常无法让客户认同它们的产品不只是商品，而明星员工却能起到关键作用。一位会计师描述了一种更为微妙的方法："我们依然在大力宣传'明星'，因为在我们这样一个只有少量竞争对手（四大会计师事务所）而且有时很难区分彼此的狭窄行业里，这么做会带来与众不同的效果。"[5]

那么像丹娜法伯这样的精英研究机构与之有何相似之处呢？在那里，我们会看到"明星"研究员或多或少地运营着拥有独立权的实验室，这些实验室里满是博士后研究员，他们处理着与癌症检测和治疗相关的最棘手的问题。作为科研项目的主要研究者，这些明星在争取美国国立卫生研究院（National Institute of Health）等机构的科研基金时发挥了重要作用。这种基金推动了一种良性循环：更多的资金可以促进更好的研究，它可以让研究成果发布于知名期刊；为研究人员和所在机构带来更大声望；吸引最有才智的人才；并且提高成功获取下一笔资金拨款的可能性。与此同时，该机构的筹款人将这些明星和他们的成功案例推荐给了潜在资助者，因而带来了另一种备受欢迎的收入来源。

我希望这至少让你觉得稍稍有些眼熟。你是否回想起了第三章讨论的独行侠专家：他们是掌握了极大主导权的成功专业人士，至少在某种程度上，他们可以自行决策。

但是请让我将他们的重要性稍稍提高一些。我们可以合理地假设，精英研究机构与相似的机构［例如咨询业的贝恩公司，广告业的精信（Grey）公司，或高管猎头公司亿康先达］相比，其领导者面临的挑战更加艰巨。丹娜法伯这样的机构绝对拥有世界上最优秀的癌症研究者；那些还没有成为明星的研究员或许只差一项发明，就能够具备获得诺贝尔奖的条件。为此，"让老虎都乖乖地待在自己的凳子上"就有了全新的意义。

那么谁又是那些老虎呢？当一个人得到在丹娜法伯这类机构工作的邀请时，他为了获得哲学博士或医学博士学位，或是为了得到这两者，一般都至少已经接受了八年以上大学以外的正式训练。如果想继续接受挑战，年轻的研究员不仅要足够聪慧，同时还必须格外积极，并具备一定的政治头脑。他们不仅要在多重超级竞争的环境下取得好成绩，还必须赢得一系列残酷的竞争，才能得到实习和住院实习的机会、在研究团队中占有一席之地以及出版专著建立声望，诸如此类。

因此，在得知那些最终成为明星的国际领先研究机构研究员并非最重要的团队成员时，我们不应该感到惊讶。研究者之间的协作也是具有挑战性的，竞争不是例外，而是惯例。那些看似微不足道的事情（如实验室的大小和位置）却意味着声望，代表着一个人在机构中的等级地位，因此是值得去争取的。因此，那些还有大量其他事务需要操心的管理者会花费大量时间来裁决地盘之争。

但是这里还有一个问题——因为有了前几章的基础，这个问题看起来同样很眼熟：和今天其他许多知识密集型领域一样，成功的医学研究越来越依赖于愿意且能够跨越专业鸿沟进行工作的专家的贡献。这些专家是那些为了让自己变得更具创新性且更有成效，能够进行智力协作的人。

在麦肯锡和丹娜法伯之类的机构，领导者对他们的专业人士寄予了厚望。在很大程度上，每个人都应该表现得和明星一样。作为麦肯锡的一名团队负责人，我经常指导初级员工，告诉他们如何在客户和合作伙伴面前表现得更有"权威"。同样，在他们的客户眼里，这些专业人士也应该是明星——这就是为何他们的收费标准会高于客户所付他人报酬的数倍。为了实现这一点，你必须（至少在某种程度上）将自己视为明星。这意味着你要与同辈进行较量，并且决意在这种较量中表现得比较好。到目前为止，一切看起来都还不错：为了保持长久的健康发展，企业需要培养内部力量和良性的竞争。但是与此同时，如我在前几章所说的那样，企业必须鼓励协作。因为任何方法都不是屡试不爽的。

没有任何地方比丹娜法伯癌症研究院更能说明这一点了。

丹娜法伯的协作与竞争

丹娜法伯癌症研究院的前身是知名儿科病理学家悉尼·法伯（Sidney Farber）于1947年创立的儿童癌症研究基金会（Children's Caner Research Foundation）。从那时起，该机构发展成了世界领先的医疗机构之一，为了更深入地了解癌症，它致力于这种疾病的研究以及成人和儿童癌症患者的护理。它同时也是丹娜法伯与哈佛癌症中心（Dana-Farber / Harvard Cancer Center）的领导机构，它与7个哈佛大学附属医院及学院展开合作，每年共同监督的临床试验约有700例。

丹娜法伯的研究实验室由首席研究员负责，他们是哈佛大学的科学家。首席研究员是其所在实验室里最具智慧和远见的人，他们全盘控制着实验室的日常活动。这些实验室里的其他研究员代表了教育阶段上从本科生、医学博士到博士后研究员的大部分高层人士。

即使在 21 世纪初期，对于实验室所进行的项目类型没有任何来自制度上的指导，这就给了实验室极大的自主权去利用这种制度资源。丹娜法伯的研究实验室是为了鼓励富有创意、具有才干的科学家去研究他们感兴趣的领域而设计的，它并不介意这些兴趣点是否（或者完全没有）吻合丹娜法伯作为学术性癌症研究中心的角色。

在丹娜法伯开创全新的研究方式

20 世纪 90 年代，美国令人印象深刻的经济增长为基础研究特别是癌症领域的研究创造了有利的资金环境。然而到了 2003 年，政府和私募资金对利用资金研发出的可转化性治疗成果的缺失越来越不满。为此，很多研究机构预测，在这种情况下，美国国立卫生研究院和其他主要资金来源会收回它们已经拨付的慷慨资助。

爱德华·本兹（Edward Benz）博士，自 2000 年起担任丹娜法伯的董事长，他认识到了这些形势，并且认为他的研究院必须以更高效的方式开展研究。他认为将癌症中心的研究成果有效地转化为治疗方法将对研究院未来十年的成功起到决定性的作用——他将这种挑战称为研究院更为宏大的战略规划的一部分。为了应对这种挑战，本兹设想构建一些汇聚研究员和研究资源的协作性组织单元，并对它们加以严格的管理，从而实现一系列明确的机构目标。这些单元被统称为综合研究中心。

在本兹构建出他的愿景之后，很快他就收到了大量有关建立研究中心的建议。为了选择合适的中心并且落实他的方案，本兹任命了一位同事——巴雷特·罗林斯博士作为他们的首席科学官。罗林斯是其所在领域里的一位颇有建树的医生和科学家，他认为自己的角色有着双重任务：第一，落实来自研究员的一系列想法；第二，确保这些工作都是在问责制下实施的。罗林斯将这个项目视为一个契机，借此可以将丹娜法伯原本只宣扬个人主义的科研文化转化为并重协作这样更广泛的机构目标的文化。同时协作也将促进科学成果的诞生，并可以将科学成果更快地推广到诊断和治疗应用中。

这种改革并非那么简单。罗林斯回忆道：

在这个环境里没有人曾经真正撰写过商业计划书。外部人士认为这不过是机构任命少数人的又一次慷慨的举动。他们说："你们已经任命了运营中心的人员，现在你们又给他们资金，让他们来运营自己的实验室？你们到底是怎么想的？"就这样，在最初的几年里，机构里出现了内部人士和外部人士真正对立的情况。为了说明这些资金的最终去向，我为各种团队做了许多次演讲。

本兹、罗林斯和其他几位高层同事共同起草了一份战略清单，拟定了即将开设的首批十个研究中心。数年后，清单上又添加了第十一个中心——癌症纳米技术中心（Center for Nanotechnology in Cancer），我们稍后将会讨论它。[6]

构建综合研究方式

新综合研究中心在医学研究中应用了项目管理原则——这对大多数传统研究者来说是一种全新的方法。在一名或多名具备本专业知识的研究人员被任命为中心负责人的同时，这些中心的其他成员则可以来自别的部门——也就是说，任何有兴趣在该中心的研究领域进行研究的研究员都可以加入。但是这里还是有条件的：那些不是该中心成员的研究者若要使用中心的资源，他们必须与这个中心的成员进行项目合作。

　　每个中心的负责人都得到了前所未有的财务资源来开展中心的业务。但是，这也是有重要前提的。对于在中心建设审批过程中提交的商业计划书所确定的五年预算，这些中心必须达到具体的指标。此外，五年之后，这些中心能够在财务上从丹娜法伯独立出来——如果它们预期的成就可以为它们赢得外部资金的话。这里的另一项商业原则是，中心的资金不可以用于负责人自己实验室发起的项目，尽管他可以像其他研究成员一样成为中心的"客户"。

　　为了在新中心保持原有的管理方式，中心的所有成员和过去一样会受到来自多个层级的监管。在监管委员会的年度会议上，中心负责人会展示中心在过去一年中取得的成就。接着每个委员会成员会对该中心进行定量评估，并根据八个重要的指标为它们的绩效打分。该委员会将向中心负责人提供具体建议，并将它们的成就汇报给首席科学官罗林斯和董事会成员。

最完美的计划

　　癌症纳米技术中心是丹娜法伯的第十一个综合研究中心。它成立于2010年。罗林斯和其他人认为它担负了更大的科学研究的重任，因为它同时具备了进行早期癌症检测（借助纳米粒子和分子影像）和肿瘤靶向治疗的潜力。那时，医学工程还是丹娜法伯的弱项，因此人们期望癌症纳米技术中心能够补齐这个短板。

　　癌症纳米技术中心的负责人和首席研究员查理·伍兹（Charlie Woods）是一位富有才华和远见的研究员，他是应用纳米技术诊断和治疗癌症的先锋人物。[7]因此当伍兹在2010年提交癌症纳米技术中心的商业计划书时，本兹和罗林斯很快便接受了它。

但是，尽管伍兹对在丹娜法伯发展纳米技术领域的实力充满热情，罗林斯对伍兹的领导潜力却持有保留意见：

作为一名科学家，伍兹非常有见地，并且十分出色，但是我认为他会第一个承认，行政管理并非他的主要兴趣所在，也不是他的长项。我们知道，他对该中心的所有的构想都是没问题的：他当然懂得纳米技术在癌症治疗中的重要作用。但是我担心的是他管理琐碎事务的能力。尽管如此，伍兹依然是能够把纳米技术和癌症治疗相结合的第一人选，因此我们认为值得为此赌一把，让他来担任癌症纳米技术中心的负责人。

伍兹有他自己所保留的地方。当时他正面临着来自职业方面的巨大压力。最大的压力在于他个人的职业晋升：他已经在哈佛大学医学院走到了为终身教职员而倒计时的阶段。哈佛及大多数学术机构都会根据初级教授的从业时间来考虑他们的升职计划，他们需要在一段时间内积累有助于晋升的成就。伍兹所面临的从副教授到正教授的提拔，往往是最具挑战性的。

没过多久，罗林斯和伍兹各自保留的想法都被印证了。伍兹开始与神经肿瘤领域的一位杰出同事进行协作，为了支持这项工作，他们在专业设备上投入了大约 100 万美元的资金，而这些行动都没有出现在癌症纳米技术中心的商业计划书里。很快，这项协作便在相互指责中失败了，双方科学家都声称对方试图掌握控制权并独揽功劳。

更多的问题还在后面。2010 年 7 月，随着曾经前途光明的协作的破裂，伍兹接到了一家生物技术公司首席科学家的电话，对方确信伍兹长久以来所致力的技术非常适合他们公司正在扩张的产品线。该公司准备为他的实验室提供总额高达 1 500 万美元的研究支持——这是一笔相当大方的投资。然而为了满足该公司的战略需求，超过一半的资金将取决于伍兹的技术是否能够检测到大脑的非癌变损伤，例如那些因中风和寄生虫感染而导致的损伤。在伍兹看来，这似乎是扩展他的纳米粒子技术应用范围的良机。他愉快地接受了该公司的条件，并且决定将这笔资金直接分配到癌症纳米技术中心，而非他自己的实验室。

2010 年 9 月 1 日，癌症纳米技术中心监管委员会召开了该中心的首次年度审核会议。伍兹带着复杂的心情参加了此次会议。一方面，他的中心将接受预先设定好的严格指标的评估，而他显然没有达到其中的一些指标。与神经肿瘤专家失败的协作也即将败露。另一方面，他获得了 1 500 万美元的商业赞助。毫无疑问，这项成功将全盘覆盖癌症纳米技术中心任何可被察觉到的缺点。为此，伍兹用了半个小时向委员会解释了这笔资金的详细使用计划：在三年时间里，癌症纳米技术中心将向美国食品及药物管理局（Food and Drug Administration，简称 FDA）提交五种用于脑成像诊断产品的全新器件。

当他结束陈述之后，会议室里一片沉默。最后，委员会主席打破了沉默。"很好，伍兹，"他说，"能够筹得这样一笔资金，你的能力的确令人印象深刻。但是这一整年你对中心都做了什么？"

这个具有挑战性的问题引发了与之相类似的一大批问题。那些本该负责中心运营的员工都去哪了？管理这些人员的管理者又去哪了？为了促进项目协作，为何癌症纳米技术中心没有与其他研究人员或中心的管理者就自己的活动进行任何沟通？为什么中心并没有聚焦于癌症问题，反而开始致力于某种诊断方式的研究？

当天晚些时候，在与罗林斯的会谈中，伍兹备受挫败，情绪激动。他告诉罗林斯，他并不明白，特别是在他为丹娜法伯带去了那么多行业资金的情况下，为何监管委员会还是给了他一个不合格的分数。他表示，癌症纳米技术中心是他的中心，为此他必须拥有足够的自治权，从而以自己认为最佳的方式来运作它。他要求罗林斯不要让监管委员会再来"管他的闲事"，接着他冲出了罗林斯的办公室。

罗林斯目瞪口呆地坐回了自己的椅子上。就该科学领域而言，没有人比查理·伍兹更优秀。但是罗林斯知道，为丹娜法伯的最佳利益做出决策的时候到来了。他深感此前专注于协作的决策是完全正确的，而科研问题的复杂性对协作的要求也不低。在过去的一年里，伍兹显然已经暴露了他在协作上的局限性。根据最新的商业原则，这十一个研究中心必须在五年内实现自给自足：它们必须断绝机构资助的资金来源，并且善于从政府、基金会和资助人那里获得纯粹用于癌症研究的支持。因为违背了商业原则，所以伍兹作为癌症纳米技术中心唯一掌权人的可能性微乎其微。

机构的回应

尽管当前的危机只涉及癌症纳米技术中心，但罗林斯还是意识到伍兹的中心只是一个缩影，实际上，所有十一个中心都很容易遭受与癌症纳米技术中心的同样的问题。正如罗林斯所看到的那样，他们需要完成三件事来帮助这些中心得到发展和繁荣：保证项目引进工作的透明度；制定中心成员面向丹娜法伯的问责制度；保证中心业务活动符合机构目标，即通过重要的科学家之间的更好协作推进癌症研究成果面向治疗方式的转化。罗林斯回忆道：

　　那时，虽然我们已经想赶走伍兹了，但我们还是认为我们不能这么做，尽管他并没有兑现我们几年前为中心设立的指标。不少中心已经取得了一些成就，但许多科学家依然不认同该系统的协作理念，更不用说我们所谓的制度了。我们必须首先证明，在授权科学家对这些指标负责之前，中心可以在我们设计的制度下很好地运作。为此，更好的办法是为伍兹找到一种在中心制度下取得成功的方式。

　　当然，还是要加强短期纪律。罗林斯与伍兹就如何推动癌症纳米技术中心向前发展进行了详细的讨论。该中心必须设立一个管理岗位，以及一个用来与丹娜法伯社区的其他成员进行沟通的平台。它必须致力于癌症疗法的研究，而不应该因为指望不相关的资金而分心。由于来自那家生物技术公司的大部分资金都无法用于癌症研究，所以这些项目只能在伍兹自己的实验室进行，这意味着他无法动用中心的资源或人力来完成那些项目。

　　在那些日子里，伍兹一直十分愤怒并抱有强烈的抵触情绪，他对监管委员会和罗林斯极为不满。但是他明白，他必须在科研这个小圈子里维护自己的名誉。他决定留下来并协助癌症纳米技术中心赢得转机，他请求罗林斯帮他招募必要的人员。

　　领导力是首要的考量因素。为了解决这个问题，罗林斯指派了伍兹的一名长期研究员彼得·伦德尔（Peter Lendale）作为中心的协同负责人。通过这样的方式，罗林斯果断签下了一位比伍兹"更具制度意识"的人员，因此可以让中心的业务更加吻合丹娜法伯的宏观目标。

接下来，罗林斯要求伦德尔和伍兹招募一名高级研究员来负责协调和落实癌症纳米技术中心的研究活动，同时扩展中心的目标和规模。高级研究员的职位是专门为了丹娜法伯的立场而设立的，有别于哈佛大学医学院的终身教职员，该职位旨在协助中心负责人履行项目管理职责。罗林斯随后解释道："任命高级研究员而非终身职位的好处在于，两者的动机和激励因素都不一样。相反，我们会根据他们对引入中心的机构指导项目的管理情况来评估他们。以癌症纳米技术中心为例，我们认为一名高级研究员能够允许我们重新制订商业计划，从而完成可以明确体现机构职责的任务。"

伦德尔和伍兹决定聘请路易丝·拉特金（Louise Ratkin）这位已经在伍兹的实验室工作了快三年的博士后。拉特金是一位与众不同的科学家，她对传统的学术研究领域或制药业都不太感兴趣。癌症纳米技术中心高级研究员的职位能够保证她在继续从事自己喜爱的管理工作的同时，有机会在任务驱动的领域内进行高质量的科研工作。她欣然接受了这个职位。

拉特金的第一项任务是设立一个包括目标评估委员会在内的项目引进机制。该委员会能够确保目标项目不仅具备科学价值，同时也符合中心的宏观目标。此外，为了设定时间进度并保证效率，委员会在项目开展初期便会商定具体的里程碑事件。在委员会的监管下，研究人员必须为每个项目设定符合项目时间进度和中心整体预算安排的独立预算。所有这些要点可以保证：当项目获得批准后，项目对该中心的使命的贡献，以及它对中心在财务上的作用，均已得到了审核和记录。拉特金同时还设立了月度账单周期来跟踪财务状况，确保财务状况与商业计划书保持一致。

伦德尔、伍兹和拉特金还创建了一个基于网络的平台来促进协作和推广中心的项目。这种开放的资源与先例背道而驰，它完全公开了每个项目的目标，并以此鼓励更多研究人员以正确的心态参与中心的工作。拉特金这样解释道：

　　一位研究人员找到我，告诉我他打算与我们中心协作。因为他需要一种非常特别的技术，而他知道我们拥有这项技术。他说："我非常想做这项研究，我已经得到了一些令人兴奋的初步成果，但是我现在还不想与你们分享它。"于是我这样说："好的，你明白我们的目标是进行协作，而你当然不必与我们分享你的成果，但是如果您愿意和我谈谈你的想法的话，我们或许可以设计一个更好的试验装置。"因此他便决定分享他的成果，这是一个非常好的项目。现在这个项目已经有了临床试验。

　　结果表明，这次有关协作的对话意义重大。在几年时间里，癌症纳米技术中心已经完成了 23 个项目，并且还有 35 个项目正在进行中——来自丹娜法伯、马萨诸塞州总医院（Massachusetts General Hospital）、加利福尼亚大学洛杉矶分校（University of California at Los Angeles）和凯斯西储大学（Case Western）的研究者参与了这些项目的研究。多亏了彻底的引进筛查机制，这些项目才能始终与丹娜法伯的机构使命保持一致。

　　从更广泛的角度来看，五年之后回顾这种做法带来的好处，罗林斯相信这种综合研究中心的体系已经证明了自己的观点。在丹娜法伯的十几个中心里，不太成功的中心仅有几个，六个中心已经取得了很好的业绩，三到四个中心则更为成功。罗林斯自己表示很满意自己的试验，并指出了它对中心文化的重要影响：

在有了这些中心的十年后，整个机构的文化都发生了根本性的变化。

再也没有人对中心抱怨连连。我去参加研究员会议，没有人会去抱怨资源有无的问题，例如"运营中心的人拥有所有的资源，但我们其余的人却没有"，这种愤世嫉俗的观点已经不复存在。每个人都意识到中心已经改变了成员工作的方式，能够让更很多人轻松地获取重要的资源，没有人会再去谈论这个系统的消亡。

我们现在已经拥有超过120名非终身职位的研究员。事情已经发生了变化：在这里工作已经成为一种充满活力的职业之路。[8]

在评估这些中心的成果时，罗林斯使用了商业用语。"我们了解哪些人是成功的，"他说，"因为他们拥有强大的客户基础，他们的产品很受欢迎。"[9]最近，为了完成一项符合机构整体使命的重要项目，一个中心与一家制药公司签下了一单数百万美元的合同。另一个中心则为其开发的核磁共振技术创造了市场需求，而罗林斯和他的同事曾经拼命地寻找可以赞助这种辅助成像系统的资金。

在罗林斯看来，这些都是很好的现象。

侧面考察丹娜法伯的收获

在讨论之前，我要先强调医学研究的两个不同之处，再接着讨论专业服务公司的领导可以从中学习的内容。

首先，也是最重要的，第六章所讨论的财务激励因素显然不适用于学术领域。同样，对于走在终身教职员之路上的研究者而言，他们在学术职位上的晋升并不是由机构的负责人所掌握的。爱德华·本兹和巴雷特·罗林斯并没有以任何直接方式控制查理·伍兹的晋升。但是这对专业服务公司来说则是个好消息。你拥有可以任意支配的强大工具，它们可以帮助你以本兹和罗林斯做不到的方式促进协作。

其次，医学研究领域对"客户"的定义也非常不同。医学研究者必须让内部监管委员会、董事会成员、外部赞助者以及科学界和社会都满意。这是一种"集体客户"，它拥有众多领导，同时它也是相对有耐心的客户，它了解错误的开端和行不通的方式。然而在专业服务公司那里却不是这样！它们想要得到可以立即实施的实用性建议。它们或许会再次投资你的团队，也可能不会，这取决于你的团队近期和中期的成果。

尽管如此，丹娜法伯案例中的人物所面临的挑战与在知识产业中的同类人物所面临的挑战存在明显的相似之处。当今成功的研究同时需要专业化和协作，这在一定程度上是因为它们需要应对的挑战非常复杂，而且其复杂度每天都在增加。和任何专业服务公司的高层领导一样，罗林斯和他在丹娜法伯的同事需要找到一种方式，说服那些强大的、来去自由的、高度自治的明星专家在那种竞争性极强的谷仓工作方式让他们变得不合时宜之前就开始改变自己的行为。他们在这个过程中遇到了艰难的挑战。

作为专业服务公司的领导，你也会遇到同样的挑战。一方面，你必须通过劝说和交际手腕来争取那些寻求独立自主的专业人士，他们在很大程度上控制着公司最重要的资源。另一方面，你必须以能够满足不断增长的市场需求的方式管理公司，从而提高效率和竞争力。

那么我们可以从丹娜法伯的经验中学到什么呢？你怎样才能将一个竞争激烈的、由业务明星驱动的文化转变为促进跨业务协作的文化呢？为了回答这些问题，我将来自丹娜法伯案例研究的观点与经典的麦肯锡影响力模型要素相结合，提出了以下四个具体的改革手段。

编撰一个有说服力的故事

在你的合伙人和其他同事遵从你的协作型领导之前，他们必须看到改革的重点。这意味着你必须开发有关协作的商业案例，并且用它来让别人信服。当然，故事的情节会因场景设定而有所不同，但总的来说，协作不仅是一种愿望或美好的事物，还是针对外部变化的战略性响应，或许也是机构的生存之道。

多年来在通往制度化的艰难道路上，罗林斯承认他们的许多科学家从来都没有接受过这种新的理念或工作方式。那么他该采取哪些不同的办法呢？首先，他承认他和他的高层同事应投入更多时间和资源，就协作将如何对机构和相关个人带来重大改变进行沟通。

而在专业服务公司中，这则意味着发展一种多元化交流的策略。由于协作被定义为一种集体性的工作，所以你必须让各个层级、不同职能和任期阶段的人都能接纳你的理念。因此，在构建有关协作的信息时，你必须引起公司不同人群关注协作的好处。例如，针对每个重要的客户关系培训强大的继任者，一些高级合伙人会被这种塑造传统的机会所激励。其他人则会被协作创造更具包容性的组织，并为更多不同专业人士带来机会的承诺所吸引。有的人会相信协作将带来财务上的成果，这或许是因为协作提升了公司的竞争地位，或许是因为利润（最终）将流向作为股东的他们。

其次，找到激励这些专业人士的因素，并在你与他们的私人交流中展现协作的那些激励因素。在丹娜法伯的例子中，彼得·伦德尔和路易丝·拉特金是两种类型的贡献者（第五章所讨论的人群）。他们都是利基参与者，尽管伦德尔作为一名终身"合伙人"，享有一定制度上的地位，而拉特金则没有。但是请记住：正如学术医学定义的那样，拉特金并不渴望成为"合伙人"，她想进行伟大的科学研究并且运营一些重要的科研项目。与她在营利机构的对等角色一样，拉特金做出重要贡献的部分原因在于她带来了不同的价值观和期望。在你的公司也是如此，千禧一代的追求很可能完全不符合传统职业发展路径及职业描述。你是否考虑过如何调整你的故事来激励他们？他们将成为你的改革项目的关键部分，因此请在失去他们之前让他们了解情况。

再次，有些时候故事的讲述是需要概念验证的。本着这种理念，请考虑对这种协作计划的小规模版本进行测试。罗林斯承认，他和他的高层同事天真地想要在没有任何试点和原型设计（prototyping）的前提下，同时启动十个综合研究中心。原型设计能够展现足以说明问题的可见变化。

最后，在你编撰故事的时候，请不要低估小成就的激励性。哈佛商学院教授、社会心理学家特雷莎·阿马比尔（Teresa Amabile）在很多公司调查了员工撰写的总量多达 12 000 条的日记。[10] 她发现，预测这些员工面对困难的、高风险的、具有情感挑战性的项目能否坚持下去的最佳方式，便是看看他们是否感到自己正在向着目标前进，即便这种进展只是相对较小的事件，例如与潜在的客户进行了一场令人鼓舞的会谈。此外，请不要低估隐含的力量。孙子在 2 500 多年前有云："勇怯，势也。"[11]（意为军队的气势决定了战士的勇怯程度）。请确保整个公司都对正在进行的事情有所了解。

为希望的协作方式做出表率

试点是引进新的系统的一种方式。同样做出表率也是引进新行为习惯的一种方法。员工希望看到你和你的高层同事——假定这些人都是他们仰慕的领导——以新的方式行事。如莫罕达斯·甘地（Mohandas Gandhi）所说："欲变世界，先变其身。"

和丹娜法伯癌症研究院一样，做出表率在专业服务公司里对多种层次的人员而言都是不可或缺的，而不仅仅局限于管理层。在我对专业服务公司长期变革的一项研究中，我发现公司里的明星人员，特别是那些客户收益在全公司排名前十的招财者，对他人行为的影响是最大的。当这些人开始为你想要推广的行为做出表率时，你们就走上加速路了。

此外请记住，最高效的领导或许不是那些最显眼的人。麦肯锡的两位咨询师指出："我们的变革项目的合作经验表明，项目成功的关键不在于少数几个领导多么具有说服力，而在于整个社群对这些观点的接受程度。实际上，通常都是那些意想不到的普通成员觉得有必要推进变革。"[12]

在我合作过的一家公共关系公司里，核心的改革领导是一位对协作充满了热情的、层级相对较低的专业人士。他首先进行了自学，这样他便可以深刻地理解并阐明商业案例——他甚至把一整年的全部假期都用在了管理发展课程上。其次，他确定了战略变革的基本原理，并以此说服了公司业务团队的负责人，同时他运用自己的知识和经验使他的同事大获裨益。最后，他组织了专题讨论会和焦点小组，并且得到了一笔以引进外部专家来支持这项行动的预算。

的确，他的影响力部分来自他所建立的可以在三大洲为公司服务的广阔的内部关系网。即便如此，他原本并没有被当作带领协作变革工作的首要人选。和我们在第六章提到的普华永道的葆拉·扬一样，该公司的领导者在寻找能量源泉的时候十分明智，他们找到了为变革做出表率的合适人选。

强化期望行为

前面所说的两个措施都旨在让人们参与进来，接下来的挑战便是让人们保持协作。这意味着每个可用的相关管理杠杆都会被用于支持协作，另外，又不会有任何组织架构或方法对此造成妨碍。

我已经针对绩效管理、薪酬和其他激励因素以及技术进行了讨论，所有这些方面都必须以支持协作行为的方式结合起来。同理，职责描述必须十分清晰。具体而言，不同职责之间的相互关系必须得到强化，特定的行为则需要依附于职责。

在丹娜法伯，罗林斯和他的高层管理同事应该明确中心负责人、研究专家及项目管理者在哪些方面可以做得更多更好，又在哪些方面尽量不要涉足，等等。这在你引进新的参与者加入客户管理部门时尤为重要：你需要帮助合伙人了解如何与这些新成员进行磨合。

让我们正视这个问题：变革管理的技巧可能并没有在你的合伙人心中深深扎根（即便他们的工作就是帮助其他机构进行改革，但有时医者难自医），因此你必须让他们具备履行这一职责的能力。这在一定程度上意味着为他们提供改变的路线图，这至少可以作为一个出发点。这同样意味着要发掘和调用具有强大执行技能的项目经理，并就他们的职能和调用缘由进行再次解释。

调整正式的系统和组织架构是实现更加系统化的变革的重要前提。正如《哈佛商业评论》（*Harvard Business Review*）近期封面上所宣称的那样"文化是无法修复的"——这意味着除非领导者事先处理这些组织架构来强化期望的行为，否则直接改变组织文化的尝试都是徒劳的。[13]

培养新的协作能力和自信心

专注于技能为我介绍最后一个观点提供了支撑：对于长期协作而言，你的同事必须具备实现预期变革的协作技能。仅仅确立一个目标并期望人们能够实现它，这样是远远不够的。在丹娜法伯，查理·伍兹被委派了领导的职责，而他的上级领导则怀疑他并不适合这个角色。但他们却依然这么做了，并因此付出了代价。我称之为"往好处想综合征"，而且我总是在专业服务公司里看到这种情况。

领导力是对抗这种症状的关键。领导者必须以一对一的方式为关键战略的实施者创造条件，为他们提供培训和充分的指导。

人们如何才能更好地掌握有关技能，实现行为上的相应转变呢？首先，给他们时间。世界上最重要的成人学习学者之一戴维·科尔布（David Kolb）认为，成年人无法仅仅通过听从指令来学习，他们还必须吸收新的知识，以试验的方式运用它，并且将其与现有知识融合起来。[14]实际上，这意味着即便你公司里最主动的合伙人也必须花费大量的时间来培养我所主张的协作能力。

在一般的情况下，在初级员工里培养协作领导能力是一个尤为漫长的历程。以麦肯锡为例，它在员工加入公司的早期就为他们提供了简易的协作型领导机遇，例如带领招聘团队或筹划业务单元等。麦肯锡的项目经理一般已经在公司工作了三至五年，他们日复一日地管理着客户关系的方方面面，包括与客户的重要互动。在这个层面上培养协作，就是为未来培养协作。

————————

我希望你已经对丹娜法伯故事里出现的人物多少有了一些了解。爱德华·本兹和巴雷特·罗林斯是这个"公司"的高层领导者，即我们在第六章所说的指挥大师。查理·伍兹则处于第三章和第四章分别讨论的独行侠专家和资深协作者这两者之间。丹娜法伯故事的第一层进展与伍兹有关，因为他经历了从失败到转变的痛苦过程。而第二层进展则与罗林斯有关，这是因为他有过一些不愉快的经历，他发现自己设计的首批协作体系非常失败，迫于压力他不得不重新设计。

尽管并非完全相似，但是丹娜法伯的协作历程与今天专业服务公司的情况非常接近——协作的开始阶段都进展得缓慢。不论我们如何努力地将它限制在系统和流程的范畴里，它都是非常理性化的，它走入死胡同的情况要远远多于我们愿意承认的。和随心所欲的谷仓工作方式相比，协作最初的生产效率更低，代价也更高。

但是当它发挥作用时，它便是无可匹敌的。常言道没有屡试不爽的方法，而协作也是如此。

来自客户的意见

我在整本书中都提到了客户。当专业服务机构的客户着手处理复杂性和重要性更高的问题时，他们都需要什么呢？他们如何才能满足这些需求呢？

本书的第八章明确地转向了客户的角度，并利用这个机会回顾了我们在前几章得到的一些经验。

第八章

客户很在意协作

前几章主要是从公司内部视角来讨论协作，偶尔会出现有关客户是如何看待协作的。而第八章则主要聚焦在了客户身上。

在此，我的主要观点非常简单，或许也会令人有些惊讶：是的，客户需要你们（他们的专业服务供应商）在公司内部进行协作。他们十分在意合伙人之间的协作质量。这是为何？因为他们明白你们的协作实力对他们而言是一种重要且有价值的资源。

我将不会在这里讨论客户和服务提供者之间，抑或多个公司之间工作关系的质量，也不会讨论这些关系带来的服务成果的质量（而它们都非常重要，我会在后续内容中专门讨论其中的几点）。相反，我关心的是团队成员相互协作的程度如何。精明的客户会对这种协作的质量进行评估。本章将解释他们为何愿意（或有时不愿意）

在你的公司为富有成效的协作付出更多。

从更宏观的角度来看，在所有的环境下，透明度正变得越来越重要。为什么现在许多饭店都会装饰自己的橱窗让你一窥它们的厨房，或是尽可能让你坐得离工作中的厨师更近些？因为顾客想要"坐在厨房里"。他们想看看香肠是怎么制作的。为什么政府公开了一度保密的数据库和档案？因为公众要求获得更多信息。

这种对透明度的要求同样已经在广大精明的客户那里生根——不仅仅在美国，而是在全世界。客户希望服务供应商业务操作的可见性越来越高。因为他们为这种服务做出了投资，他们需要清晰地了解服务他们的公司在经济、技术以及道德层面的状况。如果他们满意自己所看到的，那么他们会愿意花更多的钱来获得那种高质量的服务。

我猜想，一些读者会联想到他们最难对付的客户——那些最顽固、最在意效益的客户，他们会为省下一美元而感到骄傲。这样的读者自然会对此表示怀疑，即便我已经在前几章说服他们认同协作对公司是有好处的，他们也始终坚信他们的客户并不想了解协作，因此自然不愿意为此花钱。

如果是这样，他们可能想错了。

在过去几年里，我曾经和客户进行过几轮广泛的沟通。这些人代表了许多不同的角色和机构，包括首席执行官、法律顾问、董事会成员（包括风险与审计主管）、采购主管、副总裁等。他们所代表的机构跨越了绝大部分的地域、规模以及业务领域。这些机构包括上市公司和私募公司，以及非营利机构和政府机构。我特意采访了那些以强硬谈判者著称的客户。我曾被告知，这些专注于可评估结果的人是"不会为协作付钱的"。

我的研究则揭示了相反的结果。研究表明，客户十分关心他们的外部顾问与自己公司内部员工协作的深入程度，他们愿意为高质量的协作花钱。当然，这里还有一些需要注意的地方和前提条件。首要的前提是我们谈论的仅限于智力协作：有待解决的问题必须复杂到需要多方专家参与。如果缺少这种复杂性，那么就没有任何理由需要额外的专业知识了。正如一位高层客户告诉我的那样：

每当有人告诉我："我对此不太了解，但是请让我带我们的专家来。"我常常会有些紧张。如果我并不认为这样能保证我得到一位专家，我便会想："好的，这其实是一个你可以向我收取更多费用的借口。"在这种情况下，我一般会得到一位所谓的"专家"，但是我通常并不确定他能带来怎样的价值，这让我产生了一种挥之不去的疑惑，那就是我当初聘请的并不是合适的律师。在这样的情况下，我会将交叉销售视为一种捞钱的机会。

就像硬币具有两面性一样：首先，客户必须明确了解协作给他们带来的好处，并且愿意为团队协作付钱。其次，你有责任帮助他们认识到协作的好处，而且要在项目进展过程中尽早这么做，并一定要在你报价之前做到（时间的把控非常关键）。更简便和明智的做法是预先提出组建协作团队的建议，而不是以后再扩张团队。一位客户如此解释："我希望团队尽早组建完毕，而不要随着时间的推移不断扩张。这就告诉我，主要负责人已经对这些问题进行了全面的思考，如果没有更好的方法，他便不会轻易引入其他额外的资源。假如我可以提前知道这是一个什么样的团队以及各个成员加入的理由，我将不会拒绝这种组建团队的想法。"

出于同样的原因，客户在自己的好处和公司的好处之间划分了明显的界限，而且他们不太可能为后者付钱。例如，他们很可能会期待他们的顾问在完成一项任务时投入多于一个人的人力，但他们只会支付一个人的钱，这样整个团队就能快速进入状态。很明显，没有客户会刻意为那些无法带来价值的返工、重复劳动或混乱的内部沟通付钱。你的项目管理做得越好，你消耗的成本就越少。

这些观点直接触及信任问题——客户相信你长期以来始终关注着他们最重要的利益。"如果我信赖他们，"一位客户这样告诉我，"那么，我对成本的关注通常不会高于成果。"

你还是很怀疑吗？如果是这样，请想一想：客户不约而同地告诉我，他们不信任那些声称懂得一切的人。他们认为，你手头工作的复杂性有时候会要求你寻求其他专家的建议。如果去问任何一位首席执行官，他们都会表示：最危险的顾问是那些不愿承认"我不知道"，并且不愿与了解相关知识的人进行协作的人。

毫无例外，我所访问的每一位客户都强调他们的确非常关心自己的顾问是否在各自的公司内部展开了有效协作。在接下来的内容里，我将列出支持这个结论的 11 个理由。它们大部分都是依据我所认为的、对客户最重要的方面而列出的，当然，并非所有客户都会在意每个理由，或者会按同样的顺序对它们进行排序。

协作让客户能够接触到解决最棘手问题的最优秀的专家

今天的商业问题远比过去更加复杂、分散和国际化。因此，公司无法再依赖具备某个特定领域专业知识的顾问的建议以及单一的参考体系。即便业务已经跨越了越来越多的边界，这些边界里的法律、监管以及文化规范依然各自为政，在某个国家合法且可接受的业务或许在另一个国家就不是这样了。这个事实让人们更加重视协作。此外，当今绝大多数重要的商业问题都涉及多个方面：技术、环境、制度等。遇到仅涉及一个维度的大规模难题的情况越来越罕见。[1] 此外，为了解决这些复杂的问题，包括咨询师、律师和工程师等在内的专业服务人士必须与他们的同事一起工作。一家制药公司的负责人这样总结道："问题越复杂，我就越希望我的首席顾问与其他专家进行协作，从而保证我们能够得到高质量的、具有战略意义的、精准且恰当的建议。"

但是，如果你认为协作仅限于最顶尖的客户，那么你就错了。许多中型和小型公司面临着全新的挑战和机遇，而这些都可以得益于协作式的问题解决方案。每个人都会在直觉上认为杰米·戴蒙（Jamie Dimon）在摩根大通集团（JPMorgan Chase）面临的挑战可能需要通过团队来解决。但是那些正在应对最近的一系列法规的小型银行——在大多数情况下它们无法跟上监管的步伐——该怎么办呢？"这取决于银行审计人员的心情，"这类小型银行的一位负责人如是说，"我们要么做得非常好，要么会后悔万分。如果某个机构能够为我们提供及时的信息，并且以我可以理解的方式对这些法规进行分类，那么我会非常感激的。"简言之，中小型的公司、非营利机构以及公共部门需要也期待它们的外部顾问联合起来，从而它们的业务运作才能更加精简。你的公司拥有规模更大、更容易获取的专家资源，而客户则希望你能利用这些资源。

采购是另一个对协作产生疑虑的领域。一些专业人士相信，一旦客户的采购部门参与进来，他们将不再有机会将各自的业务范围扩展至严格的需求建议书之外。但是一家大型医疗保健公司的全球采购总监对此却是这么说的：

> 的确，我们的一些高高在上的业务负责人会对供应商说："我比其他任何人都更了解这个业务，参与进来的采购部门正是我需要的。"但是那些更具前瞻性思维的人，即那些想在这方面更加成功的人，则会说："这些都是我要解决的问题，请每个季度来一次，帮助我理解我们可以发挥怎样的作用来实现我的目标。"他们可以进行广泛的交谈。现在，一些供应商在这种情况下发挥了比其他供应商更重要的作用。但是最优秀的供应商意识到了我们的负责人不仅要求为其出色地完成工作，还要求能在采购过程中帮助他们获得更多收获。

> 事实证明，这么做确实起到了杠杆效应。那位采购负责人告诉我，他最好的预判是：那些涉猎广泛的供应商提出的新想法中有15%~20%能够得到实施，并且向着价值链上端移动，同时能够带来更多的好处，包括客户收益的提升。另外，专业服务公司也学会了如何为该客户提供越来越好的、可以带来新业务机遇的服务。"我们现在能够调动它们更广泛的知识和能力，"他解释道，"这比我们能想到的益处还要多。"

协作让客户对自己的业务有了更深入的认识

企业如何才能发展针对自己业务的全新思维方式呢？事实上，你的客户通常被深深地孤立了。[2] 如果你有一些同事正在为该机构的其他部门提供咨询服务，同时你的团队会相互分享商业情报（遗憾的是，第二个前提在许多忙碌的团队里并不是理所当然的）那么你便可以利用这些信息来启发你的客户思考他们公司内部的重要问题。例如，是否有部门刚刚与它的软件供应商就折扣合约进行了协商，而这正是其他部门也可以利用的？

提供行业知识是发挥你的内部协作技能重大优势的另一种方式。你的客户或许是一家正在寻求突破的区域性电力公司，它可能已经冒险进入了你已经了解的领域。如果你正在为这位客户提供法律咨询服务，那么你就可以利用对其他领域的见解来提供建议。"如果你能告诉我一个竞争者做得比我们好的地方，"一位首席执行官最近在一个评审会上说道，"那么我会给你足够的时间。"所以你从服务于同行业不同客户的同事那里调用信息的能力如何呢？

我曾经服务过的一家律师事务所有一批年轻的工商管理硕士精英，他们至少对法律略知一二，但同时对不同经济领域里的商业现状有着深刻的了解。在早期的客户会议上，负责客户关系的律师通常会带上一位或多位这样的聪慧晚辈，帮助客户梳理机遇并弄清即将发生的变化（包括非法律性的）对公司意味着什么。

结果呢？客户对自己的机构有了更广泛的认识。通过让多元专业人士以协同方式接触公司的不同部门并为其提供强大的技术支持，该客户具备了用全新方式思考复杂问题的能力。

请记住，客户在他们自己所在的层级里也将变得更具协作性（那些习惯被当作"支撑部门"，或更糟糕的"花钱中心"的人，现在则被称为"业务伙伴"）。那些曾经分散的职能部门现在也出现了重叠，或者相互模糊了边界。例如，现在很多企业的董事会都会有一名律师和一名技术官，他们向首席财务官或首席执行官汇报业务，同时与来自机构不同层级的人员保持不间断的沟通，这样不仅能够发现危机（这本来就是他们的职责），同时也能发掘（需要协作的）

机遇。如前几章所讨论的那样，这些层级的人员也在不断改进。一位首席执行官告诉我：

数十年前，当咨询公司刚刚兴起的时候，它们只要将一个基本的战略思路从一个行业卖到另一个行业就可以赚钱，例如"这是我们为商业银行开发的竞争对手分析，现在让我们把它卖给保险公司吧"。我之所以知道，是因为我曾经就这么做过！但是随着时间的推移，银行的前任顾问业已成为内部成员，而且绝大多数的人都拥有工商管理硕士学位。因此现在我们的内部人士都相当精明，我们希望外部人士能够给我们带来洞察深刻的、深度定制的知识。他们的价值在于他们能够纵观整个竞争格局。

今天，客户希望他们的外部咨询师成为基准知识甚至宝藏的来源。例如：其他银行在我们这样的情况下是如何处理它们的信贷储备的？即将到来的哪些政策上的调整会影响最重要的公司计划？通常，为了提供这样的见解，我们不仅需要合伙人层面上的协作，同时还需要他们与公司的业务支持专业人士进行协作，如市场营销人员、业务发开人员或业务团队管理人员——他们总能留心行业动态，获得部门级的情报。你在内部协作方面做得越好，就有更多资本去回答这类问题，而客户也将更乐意付钱给你。

协作可以实现全球影响力

全球影响力是一个常用的概念，但很少有人分析它。它的内涵到底是什么，你的协作能力如何才能在这方面为客户服务呢？

首先，全球影响力意味着跨国项目和交易。这很好理解：客户需要得到帮助来完成在三个国家里同时进行的同一个项目，他们希望你能够提供无缝的协助。你是否具备提供协助的能力，这取决于你此前在内部协作上的经验。你是否有能力将必要的工作"出口"给这三个国家里值得信赖的当地同事，并对该项目进行高效的管理呢？

其次，全球影响力意味着在客户缺少足够能力的时候帮助他们解决针对具体国家的项目。你的协作能力为客户提供了便利和保障，这就好似他们在该国拥有了一位值得信赖的联系人，此人能够为那些棘手的问题提供来自内部人士的见解。

例如，一位人权律师向我讲述了这样一个故事：一家非洲的大型采矿公司发现自己因投资人扩大储量的要求而遭受了巨大压力，它通过收购另一个国家的黄金公司解决了这个问题，结果那家被收购的公司在滥用环境和人权问题上有着非常不良的记录。这个烂摊子是怎么形成的？这家大型采矿公司通过一家大型国际投资银行完成了这笔交易，但是这笔收购完全是在纽约之外进行的（意味着不受美国的法律约束）。这家投资银行的法律顾问直截了当地表示："没错，我们的工作就是对付法律。"从纯粹技术性的、法律的角度来看，这桩收购案看上去毫无问题，但是站在商业和信誉的角度来看，这是一场真正的灾难。讽刺的是，这些银行家在非洲有一桩相当稳健的业务，那些业务上的人员本该了解整体情况，从而避免重大失误——如果这些非洲的合作伙伴参与进来的话，这家大型采矿公司应该会很乐意为这种从当地实情出发的见解付钱。

全球影响力涉及的范围还包括那些尚未跨界且从来没有如此打算的公司。我采访了巴西的一位经营能源生意的客户。他告诉我：

"我希望我的顾问这么说——'这里有一些我们已经注意到的问题，因为我们的非洲业务合作伙伴已经在那里发现了这些问题，而这些问题可能与拉丁美洲的交易有关。'这对我们来说尤其有价值。"

一家欧洲区域性零售银行的负责人告诉我，他的机构没有在美国开展任何业务，而且在可预见的未来也不打算这么做。"但是我希望我的律师能够帮助我了解那里的监管环境，因为万一哪一天我们在那里开展了业务，这将让我们更好地做好准备。"他向我这样解释道，"至少我要知道相关情况，这样我才能够做出不必担忧的明智决定。未知会引发焦虑，我希望我的顾问能让我高枕无忧。"

这里有一个让人无法高枕无忧的例子。一家欧洲电信公司负责人告诉我，他们公司经常访问一家咨询公司的网站。该网站暗示它们的咨询师对硅谷有着深刻的洞察和认知。"但是我所接触的来自那家公司的人却对此一无所知。"他失望地表示。接着他继续说道："不过，我并不想直接和硅谷打交道，我们对那里没有任何想法。虽然我的咨询师知道我们的公司很难创新，但是他们为何不让我们了解那里的初创公司是如何创新的，这种创新的过程是怎样的，我们又可以从中学到什么呢？"

这些客户意识到了身边有位精明能干的、具有协作精神的顾问的好处。他们所有人，以及你的那些与他们有些相似的客户，都会乐意花更多的钱买个高枕无忧，从而开展更有效的竞争。

协作支持创新

欧洲的这家电信公司的案例还涉及了重要的创新问题。客户倾向于认为团队比个人更有创新能力，无论那些个人多么有才华，多么富有经验。此外，根据我们此前的研究，这种假设通常是正确的。[3] 因此如果客户期望创新，你的公司必须提前做好准备。

虽然有些问题并不需要天马行空的思维，但是一些小小的创新还是必要的，即根据客户的具体情况和限制条件适当地对你的标准方案进行适当的调整。"他们应该调整方案的呈现方式，"一位医疗保健行业的管理者在谈到他的外部咨询师时失望地告诉我，"我们不得不花大量时间来习惯它。"考虑到专业服务公司创造竞争优势的难度，难道你不该与同事协作，为客户提供量身定制的方案，并让他们满意吗？

创新常常可以给已开拓的项目带来附加值。直到最近，这种锦上添花的做法似乎还没有受到普遍重视，不过越来越多的客户已经开始将这种期望规范化。有人对此这样解释：

当我们与专业服务公司签署新合约时，我们加入了增值条款。大多数公司会反馈非常明确的要求，如需要几位借调员工或软件升级。当然这对我们来说非常有价值也很重要，但是它并不能让该公司脱颖而出，或许这能够区分那些不会这么做的公司。或许只有协作才能带来真正脱颖而出的机会。我们真正想知道的是："你可以带来什么新内容？你将如何超越其他人，帮助我们改进业务？"现在我们希望专业服务公司能够提供明确的计划，概述它们为我们提供专业服务的方式。渐渐地，针对这种计划的讨论影响了我们关于最后候选者的名单，以及为现有服务供应商提供额外工作的决定。

高度传统的公司在接受这些条款时保持了谨慎的态度——它们担心合同中会出现任何形式的涉密性内容，而这种小心翼翼的态度可能会对它们不利。客户希望合作的公司，是那些对在现有工作基础上提供增值服务的机会感兴趣的公司。

大多数客户同样明白，新人的参与能够提高通过创新带来增值的可能。他们怀疑那些长期专注于同一个业务的人无法带来令人耳目一新的东西（为何他已经变得不那么优秀了呢？），他们想看到新鲜血液。他们希望看到能够证明你所做的已经超越了与其他客户签署的条款的证据。如果你可以满足这些条件，那么在下一次起草需求建议书时，你更有可能进入候选名单，甚至你将成为这项新工作的唯一候选人。

你们将如何支持创新呢，这种创新在定义上意味着脱离业已验证过的行为吗？最优秀的专业服务公司已经开始采取"设计思维"（design thinking）方式来创新客户服务产品。这个方式简单来说就是：从小处着手，进行测试，摒弃失败的做法，继续进行有希望的试验，修改，再测试，等等。[4] 这个过程在签订合同时会得到明确的描述。公司可以从客户提出的业务范围 X 予以这样的回应："我们当然可以为 X 而探索。但是我们认为，完成 X+Y+Z 这一系列小型且相关的试验更有希望实现你们想要的目标。"[5]

客户明白你们意思。他们当然也知道你提出的建议对你自己有好处，因为这项任务变得更艰巨了。但是如果在你的帮助下，他们看到了这么做的优点，那么他们很可能会调整工作方式，至少会通过一个试点项目来检验这个方案的可行性。

协作带来高质量的成果并降低了风险

作为一种规则，"让更多的人来监督工作"能够保证工作质量，预防犯下不该犯的错误。手头的商业机会或挑战越大，引入多方观点的优势就越大，客户明白这一点。

当然，你必须避免做得太过。一位审计客户如此表示："有种观点认为，'协作'超越了'管好自己'的界限。我的意思是，我不想我的工作被一查再查。例如在起草报告时，我希望高级经理可以向我展示有关数据，而不必把它发给多个合伙人进行审核。或者说，我经常打交道的合作伙伴可以在日常业务上为我提供建议，而不必事先咨询他的税务专家。那么对于全新或复杂的问题呢？自然也是如此。"

你或许会回想起我在第一章提到的半吊子和孤狼这两类非协作型合伙人（半吊子是那些具备了明确的专业领域知识的合伙人，但是当客户带着该领域之外的问题找到他们时，他们拒绝引入具备相关知识的同事来帮忙，相反，他们会自己"试一试"；而孤狼听上去则好似带着锋利獠牙的独立操作者）。客户或许不会使用这类称谓，但是他们非常清楚，仅仅与贵公司的非协作型人员合作是有缺陷的。你的工作就是向他们展示更具吸引力的方式，在这个过程中，要减少你自己的失职或遭受诈骗的风险。

与同事的协作标志着你们更广泛的协作能力

你或许还没有意识到这一点，但是客户会将你和你的同事的互动（或缺少互动的现象）视为你们是否愿意更广泛地协作的信号。与自己的同事进行协作应该相对简单，他们明白是非，因此如果你无法实现这一点，那么你就不可能在更棘手的情况下展开协作。这对客户来说很重要，主要原因有两个：

- 随着公司内部高端工作的不断增加——一种近年来日益增长的趋势——客户开始越来越依赖内部资源，而这些内部资源反过来又需要运用外部顾问的专业知识。他们必须相信，你可以成为他们的内部员工的一名高效的思想伙伴或一名不会与他们的内部员工产生冲突的技术人员。

- 由于客户通过工作分解和业务外包转移了大量低端工作，他们要求自己的顾问与其他公司进行无缝协作。公司之间，特别是那些实际竞争对手或潜在竞争对手的公司之间的高效协作显然要比同事间的协作更加棘手。如果你无法完成同事间的协作，那么客户自然会认为你无法进行跨公司的协作。

有时，我们很容易忘记客户有着多重身份。例如，他们是客户的供应商，同时也是供应商的客户，这意味着他们必然要进行内部协作，而且是以一种非常有条理的方式进行的。一位客户公司的管理者告诉我一个非常经典的例子：

我们曾在英国以客户（买方）和供应商（卖方）的身份与邮政局进行协商。当作为买方时，我们采取了非常强硬的立场，当作为卖方时，我们则采取了一种非常谦逊的方式。坦白地说，我们向同一个人传递了完全不同的信息。这十分愚蠢，但它的确发生了，因为过去我们在不同的业务上有着不同的目标。

在我看来，协作对顾客体验是绝对重要的，对吗？我们用这种方式重新整顿了机构。这样当我们看到那些向我们推销的律师事务所时，我们便能明确地分辨哪些机构是合作型的，哪些是由为了满足自己目标的招财者领导的。对此我不会再耗费时间和精力了。

请记住，你当前的和未来的客户很可能会根据你已经在与他们的协作中，以及你的内部协作中证明的协作能力来评估你们。

协作保证服务水准的一致性

客户在合作伙伴无法遵循收费标准时会有多沮丧，他们又会花费多少时间向多位专家反复解释这个问题呢？当客户告知你的合伙人已经接下了他们的工作时你看上去会有多傻眼？我想你已经知道这些问题的答案了。因此，当你得知我总是频频听到客户将客户体验一致性——无论是本地还是国际上的——作为他们所看到的公司之间的关键差异之一时，你一定不会觉得非常惊讶。

以下是来自客户的相关言论：

"我希望无论我们在哪里和该公司合作，服务质量都能得到高水准的保证。"

"分公司之间的一致性是很重要的。我需要知道一家公司已经有了这样一种机制，可以保证该公司在跨国和跨分公司服务上的一致性。"

"在不同分公司间保持一致，以及公司提供跨市场服务的能力是一个重要的问题。我记得我们曾经在墨西哥聘用了一家公司，而它在这方面的表现非常糟糕。"

"我曾经问为我们提供服务的公司：'当你们在巴西设立分公司时，你们会让美国的合伙人在美国当地也具备同样的公司文化吗？'对我而言，我希望知道的是，当我打电话给圣保罗的一位工作人员时，他会明白我们来自哪里。这样我会感到更加顺心。"

这些言论涉及了地域一致性问题，但是在客户看来，随着时间的推移，保持一致性也同样重要。在公司的不同层面，很多客户实际上都非常擅长接替规划（succession planning），因此他们希望你同样也能做到。在第三章中，我们提出了领导者应该关注客户移交计划，并考虑设置一套"阶梯"系统——将你们不同等级的专业人士与客户那里具有大致相似资历的对等人员匹配起来。现在我们根据客户的观点为你提供基本的依据：他们同样非常关心服务供应商代际更替是否平稳。事实上，这个问题对于不少公司来说是非常关键和棘手的，并且已经上升到了董事会的层面。如果客户已经对代际间的协作十分敏感，那么他们一定会希望你也能注意到这个问题。

协作促进精简

在这个日益复杂的世界里，客户竭尽全力寻求精简。从少数供应商那里购买涵盖面广的服务就是这样的一种方式。[6]十年前，这个趋势主要局限在那些规模最大的、最精明的、拥有强大采购部门的客户那里。现在，不少小客户也开始转向这种通常被称为"核心供应商"的模式。当协作扩大了客户对你的公司的认知时，你便巩固和扩大了作为核心供应商的地位。

很明显，这种趋势只会继续扩大和深化。几乎没有一家专业服务公司——即便是那些提供廉价服务或大师级专业知识的公司——可以免遭这种影响。一家高科技公司的管理者这样描述了他们公司聘用专业服务公司的方式：

我们认为充其量要有数十家供应商才能构成竞争的基准。而我们的供应商远远超过了这个基准。想想我们在创建供应商档案，为新供应商设置应付账款时的代价吧，所有这些都带来了麻烦和犯错的可能。想想我们又花了多少时间为一个接一个的供应商介绍计费指南这类东西。这太浪费时间了！

相反，如果我们只和一家公司合作，并从它那里购买部分而非所有的服务，那么这对我们和它来说都是一种难得的机遇。

你的公司准备好抓住这个机会了吗？如果你是一位客户负责人，你是否理解哪些客户正在向着这个趋势发展？你是否准备好发起这样一场讨论，将你公司的协作经验与客户对精简度的需求联系起来呢？你可以做出解释，表明自己提供源源不断的稳定价值的职责，并且视其为一种双赢的方式。你可以告诉客户，当他们与你的公司建立战略合作关系时，你将担负起持续改进工作的职责。实际上，你在跨业务领域的经验（这在一定程度上来自你的协作技能）能够让你很好地理解什么才是优质的服务，它应该值多少钱，以及如何调整它才能满足客户的需求。事实上，你可以帮助客户更巧妙地建立他们正在寻找的战略合作关系。

在一些公司里，那些负责实现精简目标工作的人与购买你的服务的人并非同一人。如果出现这种脱节现象，意味着你的上述解释并没有被接纳，那么请你公司的管理合伙人参与高层之间的对话，就你们广泛的服务产品如何满足客户公司的战略目标，即协作将促进精简进行讨论。

协作促进响应

今天的业务变得越来越复杂的原因之一在于它的发展速度远远高于过去。客户通过电话（或任何刚刚被引入的更高效的技术）来描述他们刚刚接收到的信息，并希望从正确的人员那里获取即时反馈，这个人务必要接触到这个特定的问题，并且知道从哪里寻找更多的建议。

此外，精明的客户不一定指望作为个体的你能够一直提供答案。但是他的确希望作为第一联系人的你能够具备足够深入和广泛的见解，从而能够快速找到相关专家。一位证券律师用令人信服的且非常具体的措辞描述了这个挑战：

下午两点，一位客户给我打来电话："看，我们的股票下跌了40%。这是毫无缘由的。我刚刚接到了一个来自纽约证券交易所的电话，交易所打算停牌，它们希望我们能够召开新闻发布会。我应该怎么做？"

当你接到这种电话时，你不能说："这是多么有趣的问题啊！我们会对此进行研究，并且尽快给您一个答案。"除非你知道答案，否则你必须找到一位了解确切答案并且愿意放弃一切与你就此协作的同事。

类似的经历能够让客户了解你的公司内部协作的价值。针对纽约证券交易所问题的正确答案很快传递给了客户，它将巩固你与这位客户的关系，并且为你打开新的方式，让你用协作去影响未来关系的发展。

协作提高效率

每个人都想做到花小钱办大事。本着这种精神，客户不会付钱给你的公司，让你们重新开发一种内部人士已经了解的解决方案。他们想要你们通过迁移学习来省钱——这是一种你的公司从多种客户和领域那里获得的智慧。他们还希望你们能够以合理的价格提供合理的资源，例如，将工作交给其他地区收费较低的初级员工。这两种转移都是客户乐于通过有效协作来节省成本的突出例子。

但是合伙人或许会回避真正能够提高效率的组队方式。一家大型律师事务所的首席财务官表示，如果业务有预算，那么公司会将协作成本包含在预算里，并且事先从客户那里寻求资金。如果客户对此表示反对，那么就要抓住这个机会告诉客户协作对其所在机构的潜在好处。此外，时机也非常重要。"我不会为出现在账单上的陌生人付钱，"一位措辞强硬的客户告诉我，"如果你打算引进一些人来完成特定的咨询工作，你必须事先对我说清楚。但是如果你告诉我，你需要与一位专家进行十分钟的谈话，而不是进行长达两个小时的研究，我会非常欢迎！"

当然，你们必须高效地完成任务。请注意，精明的客户会查看业务账单涉及的收费人数。如果总数突然上升，那么这意味着你们缺少良好的协作，这要么是因为工作没有高效地完成，要么是因为所有参与人员并没有在一起形成有效协作。

更有可能的是，精明的客户同样会审查你们的发票，检查是否有人申报了额外的计费服务时间。这又是为什么呢？珍妮弗·丹尼尔斯——高露洁棕榄公司的首席法律顾问解释了她的理由：

真正优质的协作意味着人们会以状态稳定的方式进行工作，同时不会出现大幅波动。这就好比一家运转中的工厂，它在没有太多加班的情况下按部就班地运作，这样的工厂很可能是非常高效的，而且每个人都知道他们应该做什么。如果我在供应商的账单里看到了许多激增的费用，在没有试验和其他特殊原因的情况下，这通常都意味着某些人没有做好规划。[7]

这听上去是自相矛盾的，但是客户非常愿意为了达到效率而支付高额的费用。你在协作方面的经验能够带来这样的成果。

最后：协作构建了强大的凝聚力

在第八章的开头，我说过我将用 11 个理由来呈现客户对协作的看法，并按重要性降序排列。或许你已经注意到了其中不太确切的表述。"它们大部分，"我写道，"都是依据我所认为的、对客户最重要的方面而列出的。"

它们多半符合上述情况。但是，我将最重要的一个断言留在了最后。它与所谓的"人为因素"有关。简而言之，协作在人与人之间构建了强大且富有成效的关系。如果处理得当，它不仅可以让你的工作，也可以让与你们开展协作的客户的工作变得更有成效、更吸引人、更有价值而且更有趣。

对你的客户来说，让他们接触到多位优秀人才是一件重要的事情。最重要的原因是，这么做意味着你看重与他们的关系，也表明他们是非常重要的，因此你将动用所有必需的资源来实现它，并且做好他们的工作。这其实是在说：客户对我们很重要。

同时，你代表客户所部署的这些人员会提供优质的建议。正是由于你的协作能力，他们也可以帮助客户做到高枕无忧。他们会告诉客户负责人什么应该在意而什么不该在意。对于许多劳累过度的管理者来说，这简直是无价的。

在我的经验里，客户往往会依赖让他们更冷静、更自信并且知道前进路径在哪儿的顾问。你是否能够提供来自你们团队的明智建议，让他们前进的路途更加顺畅？他们是否会放下电话，说："天啊，能有这些人支持我，我真是太幸运了！"

你是否让他们变得更加快乐？不，那些最难对付的家伙不会这么说，或许也不会这么想。然而协作是必要的，而且能在一定程度上让这一点成为可能。你的合伙人是聪慧且有趣的人，他们比客户每天要应对的那些人有趣得多。作为团队，他们为客户展示了一系列具有挑战性、支撑性、令人兴奋甚至有些另类的观点。你们可以，也应该成为客户每天最精彩的亮点。

好的，我们不要跑题了。在这最后的几段里，我们从客户的视角回到你的作为有抱负的、世界一流（或即将成为世界一流）的专业服务公司领导的视角。

你的公司一定面对着一个无法抗拒的力量：客户对新型服务的需求。这些服务只能由跨界专家团队共同提供。为什么我们需要这些知识广泛的团队呢？因为今天大型企业面对的问题相当复杂，而且正变得越来越复杂。例如最近几年出现的巨型并购，或是知名企业的大规模数据泄露，抑或因汽车安全问题导致的遍布全球的数百万辆汽车的召回等。没有一位咨询师或律师甚或任何职能部门可以引导客户顺利度过这种艰难的历程。

同时，如果你的公司和大多数公司一样，具备了聪慧、成功、寻求自主的专业人士，他们已经在自己个人成就的基础上构建了自己的职业生涯，并且树立了声誉。他们是明星——建筑师、会计师、律师、咨询师、企业高管、猎头专家或其他类型的专家。他们甚至可能会认为协作对他们身边的每个人来说是个好主意，只要它不要求他们改变自己的行为习惯就可以。然而就像我说的那样，当前的形势对他们很不利，他们已经没有屡试不爽的办法了。

那么什么才能让他们再次成功呢？智力协作。

如我在整本书中所提及的，协作并不是可有可无的，它渐渐成为战略上的当务之急。专业服务市场正在分化为高利润型市场、定制化市场及低端的日常业务市场。许多专业领域——事实上大部分是专业服务领域——都将很快呈现出这种两极分化的沙漏形态。在沙漏顶端，你的公司专家之间的协作将让你们得到更高的利润，激发客户更大的忠诚度，减轻致命的风险，在争取不断缩减的高利润业务的竞争中赢得先机。

而在沙漏底端，对于为了争取更多具有成本竞争力的日常工作的企业而言，协作同样十分重要。标准化的工作越来越需要新型的协作（例如以团队为基础来解决问题），这种协作与技术紧密结合，并且得到了技术的有效支持。任何试图在这个拥挤的市场里脱颖而出的公司都必须让自己的合伙人参与更精细、更高效的协作。

你的公司，以及其中的专业人士将如何在今天和未来动荡的市场中取得成功呢？答案当然有很多。接受和实践智力协作，则是其中的最佳答案。

注 释

引 言

1. 我在本书中用合伙人指代专业服务公司拥有的这里所描述的具有一定权力和自治权的高层成员。

2. 从这里开始，除非有特殊说明，我将用"协作"作为"智力协作"的简称。

3. 参见：H. K. Gardner, "Leading the Campaign for Greater Collaboration within Law Firms," in *Leadership for Lawyers: Essential Leadership Strategies for Law Firm Success*, eds. H. K. Gardner and R. Normand-Hochman (London: Globe Law and Business, 2015). 此处提及的管理合伙人选择匿名。

4. 有关法律领域的专业化历史，参见：M. Ariens, "Know the Law: A History of Legal Specialization," *South Carolina Law Review* 1003 (1994); and T. Hia, "Que Sera, Sera? The Future of Specialization in Large Law Firms," *Columbia Business and Law Review* 541 (2002).

5. 参见：G. C. Hazard Jr., "'Practice' in Law and Other Professions," *Ari-*

zona Law Review 39 (1997): 390.

6. 参见：976 F. 2d 86—*Stewart v. Jackson & Nash*, 61 USLW 2206, 127 Lab. Cas. P 57,631, 7 IER Cases 1322, United States Court of Appeals, Second Circuit, http://openjurist.org/976/f2d/86/stewart-v-jackson-and-nash.

7. 专业服务公司并不是唯一被划分为封闭领域的机构，这种现象在许多领域都得到了精彩论述，参见：G. Tett, *The Silo Effect: The Peril of Expertise and the Promise of Breaking Down Barriers* (New York: Simon & Schuster, 2015). 与泰特一样，我认为谷仓所指的不仅是物理架构和组织子单元，同样也是与谷仓有关的心理上的"部落主义"。

8. 该词组的首次应用被认为出现在美国陆军军事学院（US Army War College）的一份报告的第一版中，参见：R. R. Magee, ed., *Strategic Leadership Primer* (Carlisle Barracks, PA: Department of Command, Leadership, and Management, US Army War College, 1998).

9. 哈佛法学院法律职业研究中心："Perspectives from a General Counsel: Jennifer Daniels of the Colgate-Palmolive Company," *The Practice*, September 2015.

10. 参见：IBM, *Capitalizing on Complexity: Insights from the Global Chief Executive Officer Study*, at http://public.dhe.ibm.com/common/ssi/ecm/en/gbe03297usen/GBE03297USEN.PDF.

11. 来自作者的研究访谈；允许以匿名的方式引用。

12. 我还撰写了五篇哈佛商学院案例研究报告，研究了专业服务公司努力解决高度自治的专业人士之间的协作问题的现状，此外在《哈佛商业评论》及类似出版物里，我也撰写了不少有关这类主题的章节和文章。如 2015 年 3 月发表于《哈佛商业评论》的《如若高层管理者不协作会怎样》（When Senior Managers Won't Collaborate）。

13. 我从几家公司得到的这些数据来自 2008—2009 年——这可以算是知识产业历史上最艰难的时期了。

第一章

1. 这部分的材料大多来自我在 2015 年 3 月发表于《哈佛商业评论》的文章《如若高层管理者不协作会怎样》。

2. 此处的图片和对应的分析首次出现在海蒂·K. 加德纳 2015 年 3 月发表于《美国律师》的《为何要付费协作》（Why It Pays to Collaborate）一文中。

3. 来自作者的研究访谈；允许以匿名的方式引用。

4. 参见：M. Boussebaa and G. Morgan, "Internationalization of Professional Service Firms: Drivers, Forms and Outcomes," in *The Oxford Handbook of Professional Service Firms*, eds. L. Empson, D. Muzio, and J. Broschak (Oxford: Oxford University Press, 2015).

5. 当我开始与客户进行研究访谈时，我使用了"忠诚"而非"黏性"，但我很快予以纠正。一位管理者表示："我并不忠诚，从某种意义上说，我是出于奉献精神和责任感而继续这种关系的。我留在这个开展协作的公司只是因为我很难找到替代的公司。"其他客户证实了"黏性"是更准确的。

6. 参见：B. Groysberg and R. Abrahams, "Lift Outs: How to Acquire a High-Functioning Team," *Harvard Business Review*, December 2006.

7. 参见：R. Reagans and E. W. Zuckerman, "Networks, Diversity, and Productivity: The Social Capital of Corporate R&D Teams," *Organization Science* 12 (2001): 502–517.

8. 参见：The study of collaboration's impact on patents and publications was

published by S. Wuchty, B. F. Jones, and B. Uzzi, "The Increasing Dominance of Teams in Production of Knowledge," *Science* 316 (2007): 1036–1039. 然而，在这种比较中尚未完全明了的是，上一年的"自由天才"是否真的参加了团队工作，并包揽了所有的功劳。

9. 参见：S. Wuchty, B. F. Jones, and B. Uzzi, "The Increasing Dominance of Teams in Production of Knowledge," *Science* 316 (2007): 1036–1039.

10. 参见：C. A. Cotropia and L. Petherbridge, "The Dominance of Teams in the Production of Legal Knowledge," *Yale Law Journal Forum* 124 (2014): 18–28.

11. 参见：H. K. Gardner, "Performance Pressure as a Double-edged Sword: Enhancing Team Motivation but Undermining the Use of Team Knowledge," *Administrative Science Quarterly* 57 (2012): 1–46.

12. 请参考客户对其服务供应商在这些方面的工作的评价：H. K. Gardner and S. Silverstein, "GlaxoSmithKlein: Sourcing Complex Professional Sources," Case no. 414–003 (Boston: Harvard Business School Publishing, 2013).

13. 出自《关系之下的领导工作》（*Leading Through Connections*），这是 IBM 于 2012 年进行的一项有关全球首席执行官的研究。

14. 该公司的采购部联系人是我此前管理教育课程的学生。因为我对研究参与者是严格保密的，所以我无法将我和他的客户的访谈告知这位律师，同时我也没有向这位采购主管透露律师的言论。我希望他俩都能读到这本书，并且认识到他们错过的机会。

15. 美国律师协会律师职业责任常务委员会（American Bar Association, Standing Committee on Lawyers' Professional Liability）于 2005 年颁布的《2000—2003 年法律渎职索赔档案》（*Profile of Legal Malpra-*

ctice Claims 2000−2003 ）。

16. 这个分析源自 2006 年法律风险管理协调员马克·C. S. 巴辛思韦特
（Mark C. S. Bassingthwaighte）面向美国律师协会的一次演讲——
《渎职的十大原因，以及如何避免它们》（*The Top Ten Causes of
Malpractice, and How You Can Avoid Them*）。巴辛思韦特向听众提供
了简洁有力且中肯的建议："绝不要涉足。"

17. 由于我们所讨论的话题比较敏感，这个特别的受访者坚持匿名。但
是，来自类似外部职能部门——监管机构、保险公司、行业协会的许
多人都表示，故意渎职和无意的过错都有所增加，所有这些都与非协
作行为有关。

18. 参见：Office of Compliance Inspections and Examinations, US Securities
and Exchange Commission, "National Examination Risk Alert" II, no. 2
(2012).

19. 如今的电子账单系统已经发展成了法律部门必需的分析工具。电子账
单系统分析收到的发票，并就外部法律顾问的活动和收费标准提供全
面而详细的报告。边界国际有限公司（Edge International Inc.）的法
律顾问帕梅拉·沃尔多（Pamela Woldo）表示："电子账单能做的就
是把所有来自传统法律业务账单的信息拆分开来，这样你就能够对计
时收费人员和不同公司在很长一段时间里的收费情况进行比较。"参
见：in J. Beck and A. Byrne, "The 4 Best Technologies to Add to Your
Legal Department's Toolbox," *Inside Counsel Magazine*, November 28,
2012.

20. 参见：B. W. Heineman Jr., "Big Isn't Always Best," *Corporate Counsel*,
November 2008.

21. 参见：M. Sako, "Outsourcing and Offshoring by Professional Service Firms,"

in Empson, Muzio, and Broschak, eds., *The Oxford Handbook of Professional Service Firms*; "Law Firm Allen & Overy Creating 300 Jobs in Belfast," BBC News, February 3, 2011; Jennifer Smith, "Law Firms Wring Costs from Back-Office Tasks," *Wall Street Journal*, October 7, 2012.

第二章

1. 参见：D. H. Maister, *Managing the Professional Service Firm* (New York: Free Press, 1993), 18.

2. "横向就业者"包括那些有一定工作经验的人——换句话说，就是任何非应届毕业者，但我倾向于用这个词代表相对高层的人员。

3. 参见：M. Bidwell, "Paying More to Get Less: The Effects of External Hiring Versus Internal Mobility," *Administrative Science Quarterly* 56, no. 3 (September 2011): 369–407.

4. 一项研究显示，银行领域的专业人员改换雇主后，他们的平均绩效大约下降了 20%，甚至在五年后也没能达到跳槽前的水平。参见：B. Groysberg, *Chasing Stars: The Myth of Talent and the Portability of Performance* (Princeton, NJ: Princeton University Press, 2012).

5. 参见：A. Press, "Special Report: Big Law's Reality Check," *American Lawyer*, November 2014.

6. 参见："Lateral Damage: Failed Hires Cost London Dear," *The Lawyer*, February 2012.

7. 我的访谈中所提供的这些机密数据来自我的广大贡献者。

8. 参见：Groysberg, *Chasing Stars*.

9. 请注意，文化通常是公司正式体系的结果或副产品，并且与公司聘用的人员类型有关。参见：J. W. Lorsch and Emily McTague, "Culture Is Not the Culprit," *Harvard Business Review*, April 2016.

10. 当美军在阿富汗向女兵开放前线时——即便这种开放非常有限——他们也突然得到了与当地"半边天"互动的能力。

11. 参见：J. Eligon, "3 Weeks into Retirement, Morgenthau Takes a Law Job," *New York Times*, January 21, 2010.

12. 参见：A. Nanda and K. Morrell, "Egon Zehnder International: Managing Professionals in an Executive Search Firm," Case 9-700-133 (Boston: Harvard Business School, 2004).

13. 源于与总部位于美国的一家国际咨询公司的首席运营官的秘密访谈。他的观点在我与律师事务所和工程设计公司的一些领导人进行的类似谈话中得到了印证。然而，大多数领导并没有在横向招聘上刹车，因为他们缺少在公司推行更加集中化的方式的意愿和能力。

14. 参见：Nanda and Morrell, "Egon Zehnder International," 2; see also F. Gino and B. Staats, "Mary Caroline Tillman at Egon Zehnder: Spotting Talent in the 21st Century," Case 9-426-027 (Boston: Harvard Business School, 2016).

15. 该项研究是 2014 年优兴咨询公司（Universum）、欧洲工商管理学院新兴市场研究所（INSEAD Emerging Markets Institute）以及海德基金会（HEAD Foundation）联合发表的名为《理解被误解的一代》（*Understanding a Misunderstood Generation*）的研究成果。http://universumglobal.com/millennials/。

16. 参见：N. Kitroeff, "The Smartest People Are Opting Out of Law School," April 15, 2015, http://www.bloomberg.com/news/articles/2015-04-15/the-smartest-people-are-opting-out-of-law-school; J. Areen, "Lawyers as

Professionals and as Citizens: Key Roles and Responsibilities in the 21st Century: Commentary," https://clp.law.harvard.edu/assets/Commentary-Judith_Areen.pdf.

17. 更多有关杠杆效应的内容请参考：D. H. Maister, "The Anatomy of a Consulting Firm," in *The Advice Business: Essential Tools and Models for Managing Consulting*, eds. C. J. Fombrun and M. D. Nevis (New York: Pearson, 2004).

18. 参见：Universum et al., *Understanding a Misunderstood Generation*.

19. 同上。

20. 这些观点以及其他更多的见解首次发表于 S. Sheehan, H. K. Gardner, and H. Bresman, "Leading the Millennial Generation," in *Leadership for Lawyers: Essential Leadership Strategies for Law Firm Success*, eds. H. K. Gardner and R. Normand-Hochman (London: Globe Law and Business Publishing, 2015).

21. 意义（也称作"目的"）、知识和自治是人类行为的重要驱动因素，甚至超越了经济激励——D. H. 平克（D. H. Pink）在其所著的由纽约河源图书公司（Riverhead Books）于 2011 年出版的《驱动力：那些关于激励我们的令人惊讶的真理》（*Drive: The Surprising Truth About What Motivates Us*）一书中支持了这个观点。此外还有许多重要的学术研究也支持了这个观点。

22. 参见：T. R. Mitchell et al., "Why People Stay: Using Job Embeddedness to Predict Voluntary Turnover," *Academy of Management Journal* 44, no. 6 (December 2001): 1102–1121; and J. Pearce and A. Randel, "Expectations of Organizational Mobility, Workplace Social Inclusion, and Employee Job Performance," *Journal of Organizational Behavior* 25,

no. 1 (February 2004): 81–98.

23. 当然，这是成功的经验，也是本书希望能帮你塑造的。

24. 有关这个话题的学术研究参见：R. M. Steers, "Antecedents and Outcomes of Organizational Commitment," *Administrative Science Quarterly* (1977): 46–56; R. Eisenberger, P. Fasolo, and V. Davis-LaMastro, "Perceived Organizational Support and Employee Diligence, Commitment, and Innovation," *Journal of Applied Psychology* 75, no. 1 (1990): 51–59. 这个概念此前曾被应用于戴维·梅斯特和J.沃克（J. Walker）的专业服务公司，参见 D. Maister and J. Walker, "The One-Firm Firm Revisited," http://davidmaister.com/articles/the-one-firm-firm-revisited/.

25. 参见：J. K. Harter, F. L. Schmidt, and S. K. Plowman, "The Relationship Between Engagement at Work and Organizational Outcomes," *Gallup Report*, February 2013.

26. 参见：M. Buckingham and A. Goodall, "Reinventing Performance Management," *Harvard Business Review*, April 2015.

27. AAR 最初是由美国陆军开发的，后来被美国所有的军事机构和许多非军事机构，以及许多其他类型的组织采用。参见：US Department of the Army, "A Leader's Guide to After-Action Reviews," September 1993: http://www.au.af.mil/au/awc/awcgate/army/tc_25-20/tc25-20.pdf.

28. 重点讨论学习力量的两本好书是 A. Edmondson, *Teaming* (San Francisco: Wiley, 2012), and D. Garvin, *Learning in Action* (Boston: Harvard Buisness School Press, 2000).

29. 这里提及麦肯锡的原因在于它开创了专业服务公司"前任雇员关系"的先河。但其他不少咨询、会计、法律和金融服务方面的公司也同样创建了与前任雇员构建共同利益关系的项目。参见《离开也不会被忘记》（Gone but Not Forgotten），《经济学人》（*The Economist*），2014年3月1日。

30. 可在麦肯锡的网站上阅读全文，网址是：http://www.mckinsey.com/careers/our-people-and-values/alumni-a-community-for-life。

31. 在组织行为学领域，心理契约（psychological contract）被用来描述雇主和雇员之间的期望和非正式义务。雇员或雇主认为违约（例如无法履行承诺的职责）会带来非常负面的效应。相比之下，如果专业服务公司明确表明成为合伙人的概率很低，那么不管结果如何，没有升职的员工更有可能保持对公司的忠诚。参见：D. M. Rousseau, *Psychological Contracts in Organizations: Understanding Written and Unwritten Agreements* (Thousand Oaks, CA: Sage, 1995); and M.-R. Parzefall and J. A-M. Coyle-Shapiro, "Making Sense of Psychological Contract Breach," *Journal of Managerial Psychology* 26, no. 1 (2011): 12–27.

第三章

1. 广受赞誉的高管教练马歇尔·戈德史密斯（Marshall Goldsmith）在其所著的，由阿歇特出版公司（Hachette Books）于2007年出版的《没有屡试不爽的方法：成功人士如何获得更大的成功》（*What Got You Here Won't Get You There: How Successful People Become Even More Successful*）一书中指出了这一观点。

2. 该图表的早期版本可参考2015年3月作者在《哈佛商业评论》所发表的《如若高层管理者不协作会怎样》。

3. 我们通过开放式的问题得到了这些答案，并对这些答案进行了编码和分类，以及记录了反馈信息。我们没有提供具有诱导性的多项选择题。

4. 这种障碍呼应了组织行为学文献中的发现，参见：D. Dougherty, "Interpretive Barriers to Successful Product Innovation in Large Firms," *Organization Science* 3, no. 2 (1992): 179–202.

5. E. 拉曼坦（E. Ramanathan）与 J. 科茨（J. Coates）发布于哈佛法学院法律职业研究中心网站的《公司采购项目》（*Corporate Purchasing Project*），网址：https://clp.law.harvard.edu/clp-research/legal-markets/。

6. 邓巴数字（约 150 人）是一个人可以维持稳定社会关系的假定人数，因为这个规模的网络可以让一个人直接了解其中每个人，以及他们相互影响的方式。

7. 请参考贝克-麦坚时公司网页上陈氏的简历，网址是 http://www.bakermckenzie.com/Loke-KhoonTan。

8. 我要感谢 010 咨询公司（010 Consulting）的吉姆・赫弗和理查德・奥克斯（Richard Oakes）为我介绍了这位合伙人，并且分享了他们如何利用结构化项目建立客户信任的专业知识。

9. 2015 年 3 月作者与陈乐钧的访谈。

10. 相关研究的令人信服的评述，特别是性别感知和无意识偏见方面的研究，请参考：I. Bohnet, *What Works: Gender Equality by Design* (Cambridge, MA: Harvard University Press, 2016).

11. 有关将团队部署在比专业服务公司更加复杂的环境（如美国情报机构）中的一些令人惊讶的见解和实用性观点可以参考：J. R. Hackman, *Collaborative Intelligence: Using Teams to Solve Hard Problems* (San Francisco: Berrett-Koehler, 2011).

12. 2007 年，美国律师协会正式反对强制退休政策。一系列高调的年龄歧视诉讼案件也抑制了这类政策的实施。可参考 S. 弗莱厄蒂（S. Flaherty）2014 年 7 月 25 日发表于法律 360（Law360）网站的《在年龄偏见的困扰下，大型律师事务所为年长的律师找到了新的角色》（Big Law Finds New Roles for Older Attorneys Amid Age-Bias Woes）。网址：http://www.law360.com/articles/558493/biglaw-finds-new-roles-for-older-attys-amid-age-bias-woes。以及 M. 科恩（M. Cohn）于 2014 年 9 月 19 日发表于今日会计（Accounting Today）网站的《强制合伙人退休成为公司的一大问题》（Mandatory Partner Retirement Becomes an Issue at Firms）。 网 址：http://www.accountingtoday.com/blogs/debits-credits/mandatory-partner-retirement-becomes-an-issue-at-firms-72047-1.html。

13. 参见：M. P. McQueen, "Study: Big Law Leaders Are Much Older Than Clients," *American Lawyer*, September 5, 2015.

14. 我要感谢伟凯律师事务所的董事长休·维里尔提供的这些见解（大部分来自他与我在 2015 年的访谈内容），这些内容首次出现在我与 R. 诺曼德–霍克曼合撰的《用文化竞争：如何为客户提供实际的全球一体化服务》（Competing via Culture: How to Give Clients a True One-Firm Global Service）一文，《管理合伙人》（*Managing Partner*），2015 年 10 月。

15. 我要感谢"琼斯"公司为我提供了这些见解，并允许我使用经过化名的公司案例。

16. 我要感谢那些向我介绍阶梯概念的客户方管理人员。

第四章

1. 这个故事在很多地方都有提及，如：in Susan RoAne, *Face to Face*

(New York: Simon & Schuster, 2008).

2. 参见：L. Nash and H. H. Stevenson, "Success That Lasts," *Harvard Business Review*, February 2004.

3. 当然，这完全取决于你是否是一名真正优秀的团队领导者。

4. 这部分摘自 R. Wageman et al., *Senior Leadership Teams: What It Takes to Make Them Great* (Boston: Harvard Business School Press, 2008); R. Wageman and J. R. Hackman, "What Makes Teams of Leaders Leadable?" in *Advancing Leadership*, eds. N. Nohria and R. Khurana (Boston: Harvard Business School Press, 2010).

5. 这部分来自我与欧洲工商管理学院的同事马克·莫滕森合著的文章。在如何将虚拟协作变得更顺畅方面，马克是一位专家。参见《哈佛商业评论》2015 年 7 月发布的《大型全球化团队里的良好协作》（Collaborating Well in Large Global Team），网址：https://hbr.org/2015/07/collaborating-well-in-large-global-teams。

6. 参见：M. Mortensen and M. Haas, "The Secrets of Great Teamwork," *Harvard Business Review*, June 2016.

7. 参见：H. K. Gardner, "Coming Through When It Matters Most: How Great Teams Do Their Best Work Under Pressure," *Harvard Business Review*, April 2012.

8. 当被要求反思自己的领导风格时，大多数人一开始会想到他们自己认为的理想方式，而不是真正本能的方式。实际上，当你备感压力时，你可以询问你所信赖的人，了解他们是如何感受你的行为的。下属不太可能会告诉你残酷的事实。你可以试着询问自己的配偶，成年的女儿或儿子，抑或长期交往的同辈。

9. 欲了解这些团队影响的因素是什么，以及如何发现并减轻它们的作用，请参见我的《在重大时刻渡过难关：伟大的团队如何尽最大努力在压力下工作》一文。

第五章

1. 很显然，同一个人可以随着时间的变化在不同项目上扮演不同的角色，但是为了简单起见，我在本章中明确区分了工作推荐者和接收者。

2. 参见：T. P. Delong and V. Vijayaraghavan, "Let's Hear It for B Players," *Harvard Business Review*, June 2003.

3. 实际上，只有部分合伙人承认了他们的不足之处，其他许多人则抱怨客户没有看到他们早期的尝试。我将后者定义为做得不够好的人。

4. 增长规模取决于公司类型、合伙人的层级等。在发展中国家的小规模公司里，这种增长可能只有数千美元，而在一流国际公司里，合伙人得到的财务回报可能是成千上万的。

5. 这个学术领域的一些重要研究人员支持了这个常识性的观点，参见：R. Zinko et al., "Toward a Theory of Reputation in Organizations," *Research in Personnel and Human Resources Management* 26 (2007): 163–204; M. Schulte, N. A. Cohen, and K. Klein, "The Coevolution of Network Ties and Perceptions of Team Psychological Safety," *Organization Science* 23 (2012): 564–581; R. Cross and J. N. Cummings, "Tie and Network Correlates of Individual Performance in Knowledge-Intensive Work," *Academy of Management Journal* 47 (2004): 928–937.

6. 这幅图以针对所有合伙人的分析得出的平均系数值为依据。在这里，我将这些统计结果用于这两位起到说明作用的合伙人。

7. 参见：A. Press, "Special Report: Big Law's Reality Check," *American*

Lawyer, November 2014.

8. 参见：S. Westfahl, "Learning to Lead: Perspectives on Bridging the Lawyer Leadership Gap," in *Leadership for Lawyers: Essential Leadership Strategies for Law Firm Success*, eds. H. K. Gardner and R. Normand-Hochman (London: Globe Law and Business Publishing, 2015).

9. 例如，心理学家汤姆·泰勒（Tom Tyler）发现，不论陪审团的裁决对他们是否有利，法庭上的被告如果认为他们受到了公平对待，那么他们会对判决结果表示满意。出自："The Role of Perceived Injustice in Defendants' Evaluations of Their Courtroom Experience," *Law & Society Review* 18, no. 1 (1984): 51.

10. 参见：J. K. Harter, F. L. Schmidt, and S. K. Plowman, "The Relationship Between Engagement at Work and Organizational Outcomes," *Gallup Report*, February 2013.

11. 参见：M. Buckingham and A. Goodall, "Reinventing Performance Management," *Harvard Business Review*, April 2015.

12. 参见：M. M. Lombardo and R. W. Eichinger, *Career Architect Development Planner*, 3rd ed. (Minneapolis, MN: Lominger Limited, 2000).

13. 参见：Westfahl, "Learning to Lead," 85.

第六章

1. "牧猫人"带有一种徒劳的意味，它被定义为一种无望的活动，因此我不喜欢这种说法。

2. 为了准确地分析不同公司薪酬体系的作用——例如，与一个强调业绩的公司相比，一个强调共同发展的公司的协作性会高出多少——我需要大约 60 家或更多公司的时间表、人事信息以及财务数据。而这超出了我的能力范围。

3. 参见：C. Tavris, "How Homo Economicus Went Extinct," *Wall Street Journal*, May 15, 2015.

4. 参见：D. Ariely, "You Are What You Measure," *Harvard Business Review*, June 2010.

5. 参见：D. Maister, *Managing the Professional Service Firm* (New York: Free Press, 1993).

6. 访问该公司网站了解公司并购进程的时间进度：http://www.ey.com/ GL/en/About-us/Our-people-and-culture/Our-history/About-EY---Key-Facts-and-Figures---History---Timeline。

7. SMART 这个缩写有很多不同的意思，我选择了 A 代表"可分配（assignable）"的那一种，从而强调合伙人应该为自己而不是为业务团队或客户小组制定目标，除非合伙人本身是团队的领导，在这种情况下他们最终还是要为实现目标而负责。可分配的目标能够带来更强的责任感。

8. 参见：Maister, *Managing the Professional Service Firm*.

9. 参见：H. K. Gardner, "Mentoring Senior Lawyers," in *Mentoring and Coaching for Lawyers: Building Partnerships for Success,* ed. R. Normand-Hochman (London: Globe Law and Business Publishing, 2014).

10. 参见：S. Kerr, "On the Folly of Rewarding A, While Hoping for B," *Academy of Management Executive* 9, no. 1 (1995): 7–14.

11. 参见：J. Pfeffer and S. E. DeVoe, "Economic Evaluation: The Effect of Money and Economics on Attitudes About Volunteering," *Journal of Economic Psychology* 30 (2009): 500–508; J. Pfeffer and S. E. DeVoe, "The Economic Evaluation of Time: Organizational Causes and Individual

Consequences," *Research in Organizational Behavior* 32 (2012): 47–62. See also I. Campbell and S. Charlesworth, "Salaried Lawyers and Billable Hours," *International Journal of the Legal Profession* 19, no. 1 (2012).

12. 针对以能力为基础的职业发展的实际见解和额外资源，请参考：S. Westphal and C. Fletcher, "Accelerated Strengths Development," *Law Practice*, May–June 2013.

13. 请参考该公司网站：https://www.objectivemanager.com/。

14. 参见：D. Jargiello and P. Gardner, "Free Agent Dysfunction: Management Realpolitik for U.S. Law Firms," white paper, August 2010, www.lawfirmgeneralcounsel.com/.

15. 这里有关合伙人的引述来自 M. C. Regan Jr. and L. H. Rohrer, "Money and Meaning: The Moral Economy of Law Firm Compensation," *University of St. Thomas Law Journal* 10 (2012): 79.

16. 参见：F. Herzberg, "One More Time: How Do You Motivate Employees?" *Harvard Business Review*, September–October 1987, 109–120.

17. 参见：H. K. Gardner and K. Herman, "Marshall & Gordon: Designing an Effective Compensation System (A)," Case 411-038 (Boston: Harvard Business School, 2011) and the related Instructor's Note.

18. 参见：L. Rohrer and J. W. Jones, "Reforming Partner Compensation at Mattos Filho (A)," Case 15-21 (Cambridge, MA: Harvard Law School, 2015).

19. 如果你觉得"我的客户"与"别人的客户"这样的概念听上去很刺耳——非常好！这意味着你可能已经淘汰了象征着最糟糕的势力范围划分行为的方式。我用这两个说法来强调一种思维方式，它通常与过分强调业务发起者的系统里的反协作行为有关。

20. 相比绝对收入而言，相对收入能够促进更高的幸福感和舒适感，这个发现已经在世界许多地方得到了印证。在个人达到满足自身基本需求的一定经济保障水平的情况下，这个结论是成立的。

21. 参见：S. F. Brosnan and F. B. M. De Waal, "Monkeys Reject Unequal Pay," *Nature: International Weekly Journal of Science* 425 (2003).

22. 参见：A. Press, "Special Report: Big Law's Reality Check," *American Lawyer*, November 2014; see also ALM Legal Intelligence, *The 43rd Annual Survey of Law Firm Economics*, 2015 edition.

23. 参见：Rohrer and Jones, "Reforming Partner Compensation at Mattos Filho (A)," 12.

24. 参见：E. Wesemann and N. Jarrett-Kerr, 2012 Global Partner Compensation System Survey, Edge International, May 2012 (reported in Regan and Rohrer, "Money and Meaning," 93).

25. 参见：J. N. Baron and D. M. Kreps, *Strategic Human Resources: Framework for General Managers* (New York: John Wiley, 1999).

26. 参见：McKinsey Global Institute, *The Social Economy: Unlocking Value and Productivity through Social Technologies*, July 2012, http://www.mckinsey .com/industries/high-tech/our-insights/the-social-economy.

27. 同上。

28. 我要感谢葆拉·扬以及普华永道的其他成员，他们为我提供了内部文档，并且抽时间在访谈中为我提供了自己的见解，所有这些都成了此处的素材。

第七章

1. 当然，生物技术——可以说是教育和医疗保健部门的强大分支——也是该区域的中坚经济力量。

2. 在我对有关哈佛商学院的一些案例进行研究时，丹娜法伯研究院的多位领导给予了我极大的帮助。这些案例均发表于 2012 年，它们被合编为《联手对抗癌症：丹娜法伯癌症研究院的综合研究中心》（Ganging Up on Cancer: Integrative Research Centers at Dana-Farber Cancer Institute），哈佛商学院案例编号 9-412-029，N9-412-098，5-412-112，（波士顿：哈佛商学院出版社，2012 年）。我要特别感谢丹娜法伯的首席科学官巴雷特·罗林斯博士，他与我分享了他的见解，并同意在我的案例中作为未经化名的核心人物出现。我的学生谢里夫·M. 埃尔纳哈博士（Dr. Shereef M. Elnahal）因发掘了丹娜法伯的研究机会而值得褒奖，他和埃多·贝德扎拉博士（Dr. Edo Bedzra）在研究和撰写哈佛商学院案例的过程中发挥了重要作用。

3. 参见：D. H. Maister, *Managing the Professional Service Firm* (New York: Free Press, 1993), chapter 27.

4. 我非常感谢我的在线贡献者委员会的一位成员，该成员在我的一次在线讨论会上为我提供了这个见解。

5. 我要感谢我的在线贡献者委员会的一位成员，该成员在我的一次在线讨论会上为我提供了这个见解。

6. 癌症纳米技术中心是一个复合型的组织，而不是一个真正的实体中心。

7. "查理·伍兹"、"彼得·伦德尔"以及"路易丝·拉特金"都是这个案例研究中的综合性人物。他们不是真实的人物，而是丹娜法伯的真实人物的综合体。

8. 巴雷特·罗林斯与作者的访谈，2015 年 11 月。

9. 巴雷特·罗林斯与作者的访谈，2014 年 10 月。

10. 参见：T. Amabile and S. Kramer, *The Progress Principle: Using Small Wins to Ignite Joy, Engagement, and Creativity at Work* (Boston: Harvard Business Review Press, 2011).

11. 参见：Sun Tzu, *The Art of War*, trans. Lionel Giles (New York: Cosimo Classics, 2010).

12. 参见：C. Aiken and S. Keller, "The Irrational Side of Change Management," *McKinsey Quarterly*, April 2009.

13. 参见：J. Lorsch and E. McTague, "Culture Is Not the Culprit," *Harvard Business Review*, April 2016.

14. 参见：D. A. Kolb, *Experiential Learning: Experience as the Source of Learning and Development*, 2nd ed. (Upper Saddle River, NJ: Pearson Education, 2015).

第八章

1. 想一想近期在能源和采矿领域的案例。那些完全依赖法律上的声誉而未判断社区的重要利益相关方，是否认同通过合法手段被收购的企业很快都陷入了困境。

2. 如果你有任何客户在过去两年内经历了任何并购活动，那么这一定能够说明他们现在依然正在熟悉机构的其他部分。让你的联系人迅速把握机会，了解风险以及未来可以在其他地方用到的关系，这样你便能够帮他们成为公司的英雄。

3. 参见：R. Reagans and E. W. Zuckerman, "Networks, Diversity, and Productivity: The Social Capital of Corporate R&D Teams," *Organization Science* 12 (2001): 502–517; S. Wuchty, B. F. Jones, and B. Uzzi, "The Increasing Dominance of Teams in Production of Knowledge," *Science*

316 (2007): 1036–1039.

4. 参见：J. Kolko, "Design Thinking Comes of Age," *Harvard Business Review*, July 2015.

5. 一些专业人士会对与客户进行协作的价值表示怀疑，因为这些客户被采购部门主导了，但如果这些专业人士发现这个例子正是采购经理提供给我的，他们可能会十分惊讶。

6. 当然，这个策略是有局限性的：精明的客户通常都会保持由多种专业供应商构成的组合，这样他们可以降低过度依赖单一供应商的风险。在某些情况下——例如审计，还需要考虑相关的法规约束条件。总体而言，大多数专业服务公司能够提供广泛的专业知识服务，以满足客户精简供应商的需求。

7. 参见：Harvard Law School, Center on the Legal Profession, "Perspectives from a General Counsel: Jennifer Daniels of the Colgate-Palmolive Company," *The Practice*, September 2015.

作者简介

海蒂·K.加德纳博士，是哈佛法学院法律职业中心的杰出成员。她同时也是法律讲师，以及该学院加速领导力项目（Accelerated Leadership Program）行政管理课程的负责人。此前，她是哈佛商学院的教职人员，现在她继续在那里教授管理课程。加德纳曾经获得过牛津大学赛德商学院（Oxford University Said Business School）的国际研究奖金。

加德纳的研究获得了管理学院（Academy of Management）杰出管理实践应用论文奖（Prize for Paper with Outstanding Practical Implications for Management）。她曾作为作者或联合作者，为书籍、案例研究，以及学术实践类杂志撰写文章，总数超过50篇，其中数篇发表于《哈佛商业评论》。她与丽贝卡·诺曼德-霍克曼一同担任了《律师领导力：律师事务所成功的基本策略》（*Leadership for Lawyers: Essential Strategies for Law Firm Success*）一书的主编，该书发表于2015年。

加德纳曾在宾夕法尼亚大学学习日语，并以最优等成绩和美国大学优等生协会（Phi Beta Kappa）成员的身份毕业。她在伦敦经济学院获得了荣誉硕士学位，并在伦敦商学院获得了组织行为学博士学位。在伦敦商学院期间，她获得了杰出学生领袖奖（Outstanding Student Leader Award）的荣誉，该奖项由院长在毕业典礼上颁发，以表彰她对伦敦商学院的贡献。

在她的职业生涯中，加德纳曾经在四个大洲生活和工作过。她曾在伦敦、约翰内斯堡以及纽约担任麦肯锡公司的管理咨询师，以及宝洁公司经理一职。她是德国富布赖特（Fulbright）项目的成员，并在日本关西外国语大学（Kansai Gaidai University）从事过教学和研究工作。目前，她任职于第二步（The Second Step）董事会，这是一家位于波士顿地区的致力解决家庭暴力的非营利组织。

加德纳热衷于使用稳健的研究手段开发实用性建议，她与专业服务机构以及全球各大公司的内部专业服务部门进行了广泛合作。除了为高层领导团队和执行委员会提供战略咨询建议，加德纳还在20多个国家向超过10 000名专业机构合伙人就智力协作这个主题进行了演讲。